Alexander Vömel
Graf Ferdinand von Zeppelin. Ein Mann der Tat.
Eine Biografie mit 27 Bildern

SEVERUS Verlag

Vrömel, Alexander: Graf Ferdinand von Zeppelin. Ein Mann der Tat. Eine Biografie mit 27 Bildern. 2021
Neuauflage der Ausgabe von 1929
ISBN: 978-3-96345-330-4

Korrektorat: Denise Nadler
Satz: Judith Hanke

Umschlaggestaltung: Annelie Lamers, SEVERUS Verlag

Bibliografische Information der Deutschen Nationalbibliothek: Die Deutsche Nationalbibliothek verzeichnet diese Publikation in der Deutschen Nationalbibliografie; detaillierte bibliografische Daten sind im Internet über https://dnb.de abrufbar.

Der SEVERUS Verlag ist ein Imprint der Bedey & Thoms Media GmbH, Hermannstal 119k, 22119 Hamburg

SEVERUS Verlag, 2021
http://www.severus-verlag.de
Gedruckt in Deutschland

Alexander Vömel

Graf Ferdinand von Zeppelin

Ein Mann der Tat
Eine Biografie mit 27 Bildern

Editorische Notiz:
Alexander Vömel: Graf Ferdinand von Zeppelin. Ein Mann der Tat. Buch- und Kunstverlag
Carl Hirsch U.-G., Konstanz (Baden), 1929. Die Orthographie wurde behutsam moderni-
siert, grammatikalische Eigenheiten bleiben gewahrt. Die Interpunktion folgt der Druck-
vorlage. Der Inhalt ist im historischen Kontext zu lesen.

Exzellenz Dr. ing. Graf Ferdinand von Zeppelin,
General der Kavallerie z.D.

Ihrer Hochgeboren
der Frau Gräfin
Hella von Brandenstein-Zeppelin
in Dankbarkeit zugeeignet
vom Verfasser

Hochverehrte und liebe Frau Gräfin!

Ihnen soll diese neue Auflage des Lebensbildes Ihres in Gott ruhenden Herrn Vaters gewidmet sein, wie ihm selber einst die erste Auflage gewidmet war. Sie haben seinem Herzen sehr nahe gestanden und schöpfen aus derselben Quelle, die seinem Leben Licht und Kraft gegeben; ja Sie sähen es gerne, wenn unser deutsches Volk in dieser bewegten und vielfach so verwirrten Zeit zum Glauben der Väter zurückkehren würde. Sie haben aber auch am Zustandekommen dieses Buches einen dankenswerten Anteil gehabt. Ohne Ihre treue und wertvolle Hilfe hätte ich dies Lebensbild damals nicht verfassen können: denn Sie haben mir den Zugang zu den Quellen verschafft, aus denen ich schöpfte. Und Sie haben mir gerade die charakteristischen Züge mitgeteilt, die dem B u c h e sein besonderes Gepräge gaben. Ohne Ihre Hilfe wäre auch diese neue, erweiterte Ausgabe nicht zustande gekommen. Darum soll I h r N a m e hier stehen, wo einst der Name Ihres hochverehrten Herrn Vaters stand, als ein Zeichen meines Dankes und des Dankes der Leserschaft. Gottes Gnade sei fernerhin mit Ihnen und Ihrem werten Hause, und damit zugleich mit der ganzen Nachkommenschaft d e s G r a f e n F e r d i n a n d v o n Z e p p e l i n.

In herzlicher Verbundenheit

Ihr **A. Vömel.**

Inhalt

Vorwort

Über vierzig Jahre konkurrierten sie miteinander um das Reich der Luft: das Flugzeug und das Luftschiff. Dass das Flugzeug gewinnen würde, war alles andere als vorhersehbar. Lange Zeit schien das Luftschiff die Vorherrschaft über den Himmel übernommen zu haben. Die großen, bis zu 248 Meter langen Schiffe besiedelten zwischen 1900 und 1937 den Himmel über Deutschland und der Welt. Das Gesicht zu diesem Erfolg gehörte vor allem einem Mann: Graf Ferdinand von Zeppelin, oft auch Vater der Luftschifffahrt genannt.

Seine Rolle in der Luftschifffahrt war so zentral, dass sein Name damals wie heute oft als Synonym für eine ganze Fahrzeugklasse verwendet wird. Statt Luftschiff sagt man „Zeppelin". Von 1899 bis zu seinem Tod 1917 steckte Ferdinand von Zeppelin seine Zeit und Energie – und einen Großteil des Familienvermögens – allein in die Entwicklung der Luftschiffe. Seine Überlegungen dazu trug der Graf schon über lange Zeit mit sich herum. Bereits 1874 erwähnte er in einem Tagebucheintrag erstmals die Idee, einem Ballon mithilfe eines Skeletts eine aerodynamische Form zu geben, um ihn besser steuern zu können. Im Deutsch-Französischen Krieg (1870/71), an dem er als Hauptmann beteiligt war, hatte er gesehen, dass die Franzosen Ballons zur Beobachtung und Kommunikation einsetzten, sie die mangelnde Steuerbarkeit jedoch stark einschränkte. Nach Beendigung seiner Karriere im Militär und seinem Ausscheiden aus dem Staatsdienst – mit 52 Jahren – begann Zeppelin damit, seine Idee eines steuerbaren Luftschiffs in die Tat umzusetzen. Sein erster Luftschiff-Prototyp „LZ 1" hob schließlich 1900 in die Luft und hielt sich dort, bevor er auf dem Bodensee notwassern musste, für 18 Minuten – ein erster Erfolg, umjubelt von tausenden Zuschauern. In Manzell am Bodensee, einem Stadtteil von Friedrichshafen, entstand unter seiner Leitung in den Folgejahren eine Serie von Luftschiffen, die große Begeisterungsstürme auslösten und bald so sicher waren, dass sich der Traum vom Fliegen nun auch für (meist besser betuchte) Zivilisten erfüllte.

Wie es im Allgemeinen der Fall ist, kamen auch Zeppelins Ideen nicht aus dem Nichts, sondern basierten auf der Vorarbeit vieler Menschen: Im 18. und besonders im 19. Jahrhundert widmeten sich viele Tüftler und Ingenieure der Weiterentwicklung der Luftschifffahrt. Die Ballons, die es bisher gegeben hatte, hatten keinen selbstständigen Antrieb, und es mangelte ihnen an Steuerbarkeit. Ein erster Schritt in Richtung bessere Steuerung war im Jahr 1784 die Erfindung des französischen Generals Jean Baptiste Meusnier: Er entwickelte einen länglichen Ballon, der nicht allein vom Wind abhängig war, sondern sich durch drei mit Handkraft betriebene Propeller antreiben ließ. Ganz neue Möglichkeiten eröffneten den Luftfahrern dann die technischen Entwicklungen im 19. Jahrhundert. So gelang es Henri Giffard 1852 mithilfe einer Dampfmaschine, die horizontale Fahrtrichtung seines Ballons zu bestimmen; das Lenken stellte aber weiterhin ein Problem dar. Mit dem relativ neuen Elektromotor erzielten 1884 schließlich die beiden Franzosen Charles Renard und Arthur Constantin Krebs einen großen Erfolg: Mit ihrem Luftschiff „La France" gelang es ihnen, gezielt zu ihrem Startplatz zurückzufliegen – das Luftschiff war steuerbar. Als noch besser erwiesen sich die Modelle des Brasilianers Alberto Santos Dumont. 1898, als Zeppelin mit seinem Bauvorhaben noch gar nicht begonnen hatte, hob dessen erster Prototyp in Frankreich ab. Mit seinem dritten Luftschiff, ausgestattet mit Verbrennungsmotor, gelang Dumont 1901 sein berühmter 30-minütiger Rundflug über Paris, bei dem er auch den Eiffelturm umflog. In seinem Heimatland Brasilien wird er noch heute als Nationalheld gefeiert, geriet im Rest der Welt aber weitgehend in Vergessenheit.

Während die meisten Luftschiffe des 19. Jahrhunderts, und die bisher genannten, eher länglichen Ballons ähnelten, setzte sich mit den Zeppelinen ein neuer Luftschifftyp durch: die *Starrluftschiffe*. Ein festes Gerüst aus Metallstreben, umspannt von einer gasdichten Hülle, gab dem Auftriebskörper dieser Luftschiffe seine Form. Abgetrennte Gaszellen innerhalb des Gerüstes sorgten, gefüllt mit Wasserstoff, für den Auftrieb, während Gondeln unterhalb des Auftriebkörpers

Platz und eine beeindruckende Aussicht für Passagiere boten. Damit eine solche Konstruktion funktioniert, sind beträchtliche Größen erforderlich: Der erste Zeppelin-Prototyp „LZ 1" maß in der Länge bereits stolze 128 Meter. Das Luftschiff „LZ 129", besser bekannt als „Hindenburg", und sein Schwesternschiff „Graf Zeppelin" stellten schließlich mit 245 Metern einen noch heute gültigen Rekord auf – es sind die größten Fluggefährte, die je gebaut wurden. Auch wenn Graf Zeppelin oft als Vater des Starrluftschiffbaus bezeichnet wird, gilt auch hier zu berücksichtigen, dass er auf die Vorarbeit anderer zurückgreifen konnte. Oft gerät in Vergessenheit, dass 1897 der Ungar David Schwarz das erste Luftschiff mit festem Metallrahmen baute. Zeppelin war sogar als Zuschauer bei einem der Flüge vor Ort. Nach Schwarz' Tod kaufte er das Patent für das Modell und entwickelte es weiter.

Ein großes Potential für die Luftschiffe sah Zeppelin von Beginn an in ihrem militärischen Nutzen. Nach erfolgreichen Aufstiegen kaufte ihm das Militär des Deutschen Reiches 1908 schließlich sein „LZ 3" ab, und in der Folgezeit wurden Dutzende Schiffe gezielt für den Kriegseinsatz hergestellt. Im 1. Weltkrieg flogen 101 Zeppeline gut 5 000 Einsätze, unter anderem als Bomber und Auskundschafter. Für das Gefecht erwiesen sie sich jedoch als untauglich. Die Kolosse waren zu träge und zu große Zielscheiben für die Gegner. Als Auskundschafter waren die Zeppeline von größerem Wert, sie blieben aber trotzdem insgesamt hinter den Erwartungen der Militärs, und auch denen Zeppelins, zurück. Zwei Drittel der Luftschiffe gingen verloren.

Ihre Vorzüge spielten die Zeppelin-Luftschiffe hingegen in der zivilen Personenbeförderung aus. Sie waren im Gegensatz zu Flugzeugen bereits ausgereifter in der Entwicklung, punkteten mit Sicherheit, größeren Reichweiten und mehr Platz. Bis 1914 hatten die Zeppeline bereits fast 35 000 Passagiere transportiert, unter anderem entlang der Strecke Bodensee – Hamburg. Unfälle wie das Unglück der Hindenburg – welches letztendlich das Ende der Zeppeline bedeutete – waren, ähnlich wie heutige Flugzeugunglücke, die Ausnahme. Zu Zwischenfällen kam es vor allem in der Anfangszeit der Entwicklung: Der „LZ 4" trieb zum Beispiel 1908 wegen starken Windes gegen einen Baum und brannte bei Echterdingen vollständig aus. Als die zivile Nutzung der Luftschiffe Fahrt aufnahm, waren die Fahrzeuge jedoch vergleichsweise sicher. Vor dem Hindenburg-Unglück, dessen Bilder sich in das Gedächtnis der Menschen brannten, absolvierten die Zeppeline in den 20er-Jahren von Deutschland aus regelmäßig Linienfahrten nach New York, Tokio und Rio de Janeiro. Nach beständiger Weiterentwicklung – auch nach dem Tod des Grafen – konnten die Luftschiffe über 100 Stunden am Stück fahren. Optimal für passagierbesetze Langstreckenflüge.

Vor seinen ersten Erfolgen begegneten viele Zeitgenossen Graf Zeppelin mit Spott. Sogar Kaiser Wilhelm II, der später begeistert mit den Zeppelin-Luftschiffen fuhr, bezeichnete den Grafen einst als „Dümmsten aller Süddeutschen". Als die Resultate seiner Arbeit besser ausfielen als erwartet, wandelte sich der Hohn in begeisterten Zuspruch. 1901 zeichnete Kaiser Wilhelm II den Grafen mit dem Roten Adlerorden, der höchsten Auszeichnung des Deutschen Reiches, aus. Über ein Dutzend Orden folgten, und seine Heimatstadt Friedrichshafen, Konstanz, Stuttgart und fünf weitere Städte ernannten ihn zum Ehrenbürger. Den „größten Deutschen des Jahrhunderts" nannte ihn der Kaiser. Und auch in der Bevölkerung war die Popularität des Grafen immens: Er erhielt Geschenke, Spenden, Dankesbriefe, Denkmäler.

Wie bereits angerissen, sollten weder die Begeisterungsstürme der Zeitgenossen noch der heutige Bekanntheitsgrad Zeppelins darüber hinwegtäuschen, dass auch der Erfolg Zeppelins, wie man so schön sagt, viele Väter hatte: die Vorarbeit Schwarz' und anderer Luftfahrer, und auch konkret die vielen Mitarbeiter und Ingenieure, die die Modelle Wirklichkeit werden ließen. Viele der heute bekannten Zeppeline entstanden erst unter Zeppelins Nachfolger Hugo Eckener. Zeppelins Fähigkeit, sich als Unternehmer zu verkaufen, gute Beziehungen zum königlichen Adel und seine finanzielle Situation – auch das mag geholfen haben, sich gegenüber anderen Luftfahrern durchzusetzen. Ohne die große Volksspende nach dem Unglück von Echterdingen, aus der die Zeppelinstiftung hervorging, wäre ein Weitermachen für den Grafen wahrscheinlich nicht möglich gewesen.

Die Biografie „Graf Ferdinand von Zeppelin. Ein Mann der Tat" ist auch ein Kind der Zeppelin-Begeisterung, und hat als zentrales Ziel, Zeppelin als Vorbild zu porträtieren – dessen sollte sich der

Leser bewusst sein. Wie Autor Alexander Vömel selbst schreibt, ging es ihm darum, die für ihn vorbildlichen Werte des Grafen zu vermitteln. Vor allem Graf Zeppelins Glaube und Gottesfurcht hebt Vömel immer wieder hervor: zwei Tugenden, die er als evangelischer Pfarrer bei vielen Menschen misst. Als Pfarrer der Gemeinde Emmishofen, dem Geburtsort Zeppelins, war der Glaube auch das verbindende Element zwischen den beiden Männern. Auch wenn Anfang des 20. Jahrhunderts der Einfluss der Kirche in Deutschland langsam zu bröckeln begann, prägten Religiosität und Gottesglaube weiter die soziale Lebenswelt und die Deutungsmuster vieler Menschen. Und auch Nationalismus spielte im 19. und 20. Jahrhundert eine große Rolle, so dass neben dem christlichen Glauben auch dieser seine Spuren in Vömels Biografie hinterlassen hat – Vaterlandsliebe und deutsche Kultur sind immer wiederkehrende Motive. Kurz vor dem 1. Weltkrieg (1914–1918) befindet sich der Nationalismus im Deutschen Reich, und in Europa, auf seinem ersten Höhepunkt. Die Entwicklung begann schleichend im 18. Jahrhundert und ging einher mit der Einigungsbewegung der deutschen Kleinstaaten. Die deutsche Reichsgründung folgte 1871. Auch zum Veröffentlichungszeitpunkt der 2. Auflage, der Zeit der Weimarer Republik (1918–1933), war ein ausgeprägtes Nationalbewusstsein keine Seltenheit, und Kapitel wie „Zeppelin als Deutscher" erregten weniger Anstoß, als es womöglich heute der Fall wäre.

In dieser sorgfältig überarbeiteten Neuauflage der Biografie „Graf Ferdinand von Zeppelin. Ein Mann der Tat" wurden keine inhaltlichen Veränderungen vorgenommen, nur die Rechtschreibung wurde an die aktuellen Regeln angepasst.

Heute, 120 Jahre nach dem Aufstieg des ersten Zeppelins, sind Luftschiffe beinahe vollständig aus dem Himmel verschwunden. In Nischen – wie für touristische Rundflüge – hat das Fahrzeug einen Platz gefunden, allerdings nur in einer kleineren, halbstarren Variante der ursprünglichen Zeppeline. Über dem Bodensee trifft man im Sommer auf die „Zeppeline NT" (Neue Technologie), in denen Touristen den Ausblick und die ruhige Fahrt genießen. Daneben betreibt nur noch das amerikanische Unternehmen Goodyear drei Zeppeline NT, hauptsächlich als Werbeluftschiffe. Seit den 1990er Jahren gibt es immer wieder größere Projekte, mit dem Ziel, die Luftschifffahrt wiederzubeleben: Der geringe Spritverbrauch und die Unabhängigkeit von Infrastruktur – Landebahnen wie ein Flugzeug braucht das Luftschiff nicht – sind nur zwei Vorzüge, die Unterstützer der Projekte immer wieder anführen. Im Gespräch ist unter anderem die Nutzung der Luftschiffe als Lastschiffe. Das hieße kein Umladen wie bei Schiffen und weniger Emissionen als bei Flugzeugen. Die Renaissance der Luftschifffahrt scheiterte bisher jedoch meist an der Geldfrage: 2002 musste die deutsche Firma CargoLifter Insolvenz anmelden, weil es an Investoren für ihre Frachtluftschiffe fehlte und sie den finanziellen Aufwand für den Luftschiffbau vorab unterschätzt hatten. Die Technik war und ist vorhanden. Angesichts des wachsenden Stellenwerts von Umweltfragen hofft die Luftfahrtbranche auf eine neue Nische für das Luftschiff – denn seine Vorteile gewinnen an Bedeutung. Wird es also doch noch eine Renaissance der Luftschiffe geben? Die Frage bleibt wie so oft offen. Aber wie sich der Luftverkehr auch weiter entwickeln mag, ohne den Durchbruch der Luftschiffe und die Rolle, die Graf Ferdinand von Zeppelin dabei spielte, sähe die Welt heute sicher anders aus. Unter seiner Leitung läuteten die Luftschiffe die bis heute andauernde Ära des zivilen Luftverkehrs ein.

Denise Nadler

SEVERUS Verlag

Der reiferen Jugend

soll dies Buch in erster Linie gelten. Ihr galt ja schon die erste, damals noch viel kürzer gefasste Auflage dieser Lebensskizze. Es war im Juli 1908, nicht lange nach der „Zwölfstundenfahrt" des Luftschiffes. Da fuhr ich mit meinem Manuskript von Konstanz hinüber nach Friedrichshafen, um vom Grafen Zeppelin die Erlaubnis zu erbitten, es veröffentlichen und zugleich es ihm widmen zu dürfen.

Der 70-Jährige war damals von morgens früh bis tief in die Nacht hinein auf seinem Posten (vgl. das Kapitel „Der Mann der Arbeit"). Aber in aller Ruhe und Freundlichkeit widmete er sich seinem Gaste. Als ich ihm mein Anliegen vorgebracht hatte, war sein erstes Wort: „A b e r i c h l e b e d o c h n o c h !" Dann legte ich ihm meine Gründe dar, die mich – auf die Bitte des Verlegers hin – veranlasst hatten, alle diese persönlichen Dinge über ihn zu veröffentlichen, obwohl er noch lebe. Ich sagte ihm ungefähr Folgendes: „Herr Graf, ich will der d e u t s c h e n J u g e n d zeigen, a u s w e l c h e n K r ä f t e n h e r a u s Sie leben und arbeiten und so Großes vollbringen können, dass hinter Ihren Taten die Kräfte des Glaubens und des Gebetes stehen. Es geht mir darum, das V o r b i l d l i c h e aufzuweisen, das darin liegt und zur Nachahmung reizt. Wir wissen ja, wie vieles heute am Niedergang unserer Jugend arbeitet, wie dunkle Mächte da wirksam sind und welche Versuchungen sie allenthalben umgeben. Da braucht sie Kräfte, die sie nach oben zieht; wir müssen hohe Ideale in ihr zu wecken suchen. Dazu möchte ich durch dieses Buch beitragen."

In seiner schlichten Demut sagte der Graf zuerst: „S o s o l l i c h n o c h e i n V o r b i l d s e i n !" Dann über eine Weile: „Wollen Sie der deutschen Jugend das sagen, aus welchen Kräften ich arbeite, dann lassen Sie das Buch ausgehen, dann will ich auch die Widmung annehmen. Aber bedenken Sie eins: a u c h i c h b i n e i n M e n s c h , lassen Sie allen Menschenruhm!" Als ich ihn nun versicherte, es sei beim

Niederschreiben mein ernstliches Bestreben gewesen, G o t t die Ehre zu geben und ihn als Gottes Werkzeug zu zeichnen, da war er beruhigt und sagte: „Nun, dann mag es immerhin veröffentlicht werden, was Sie da aus meinem Leben geschrieben haben."

Es sind mehr als 20 Jahre darüber hingegangen. Und diese zwei Jahrzehnte zählen doppelt in der Geschichte unseres Volkes. Was haben wir doch alles erlebt in dieser Zeit! Welche Wandlungen hat es gegeben! Wie hat sich auch unsere Jugend gewandelt! Aber bei allen Klagen über die Verwahrlosung gewisser jugendlicher Kreise haben wir doch auch heute eine Jugend, die für hohe und höchste Ideale begeistert ist. Und d a s L e b e n s b i l d d e s G r a f e n v o n Z e p p e - l i n , das hier nun aufs Neue ausgeht, es will sich wieder allen denen einprägen, die da begehren, etwas Tüchtiges in der Welt zu schaffen und dabei a u s e w i g e n K r ä f t e n schöpfen wollen. Das doch sein edles Bild noch vielen Vorbild und Anreizung dazu werden möchte! Das walte Gott! (vgl. dazu das Kapitel „Zeppelin und die Jugend").

Frankfurt a. M., im Herbst 1929.

A. V.

16

Jugendbildnis der Mutter des Grafen Zeppelin
(Nach einer Originalzeichnung)

Die Eltern des Grafen

Wer seiner Väter gern gedenkt, lebe so, dass er an deren
schöne Reihe sich würdig anschließt.

Goethe.

Die Familie von Zeppelin entstammt dem deutschen Norden. Im Jahre 1246 wird zum ersten Mal ein Dorf Zepelin in Mecklenburg genannt; dort ist auf einem herrschaftlichen Gute ihr Stammsitz. 1286 wird ein Heinrich von Zepelin urkundlich erwähnt. Der norddeutsche Stamm ist heute noch vorhanden. Am 14. Januar 1913 starb ein hervorragendes Glied desselben, der General Constantin von Zepelin. Seine gewandte Feder hat er auch öfter benutzt, um über unsern Zeppelin und sein großes Werk zu schreiben.

Erst im 18. Jahrhundert wurde ein Teil dieser ritterlichen Familie nach Süddeutschland verpflanzt, indem König Friedrich von Württemberg die beiden Brüder Johann Karl und Ferdinand Ludwig in seine Dienste nahm. Beide wurden in den Grafenstand erhoben und gelangten zu hohen Ehren. Sie nahmen nun nach oberdeutschem Sprachgebrauch ein zweites p in ihren Namen auf. Der Akzent ist auf der Endsilbe, also Zeppe**lin**, während meist falsch **Zep**pelin betont wird.

Ferdinand Ludwig, der G r o ß v a t e r unseres Luftschiffers, war württembergischer Minister der auswärtigen Angelegenheiten. Er hat sich in dem für die deutsche Geschichte so denkwürdigen Jahre 1813 rühmlichst ausgezeichnet. König Friedrich schickte ihn im Februar als außerordentlichen Gesandten nach Paris, woselbst er mit Kaiser Napoleon in schwierigen Fragen zu verhandeln hatte. Auch im Oktober 1813 machte der Graf im Auftrage des württembergischen Königs wichtige Reisen. Es war inzwischen eine bedeutsame Wendung eingetreten. Württemberg hatte den Rheinbund verlassen und sich in das Lager der Verbündeten begeben. Zeppelin verhandelte damals mit

General Wrede, mit dem Kaiser von Russland und mit Metternich. Er hatte von seinem König unbeschränkte Vollmacht bekommen, Verträge abzuschließen und zu unterzeichnen. Der König schrieb ihm: „Wir versehen uns zu Euch, dass Ihr in dieser misslichen Lage tun werdet, was Ihr könnt, um König und Vaterland zu retten und vor ferneren Misshandlungen zu schützen." Wir sehen daraus, welch ein ruhmvoller Name schon vor 120 Jahren der Name Zeppelin war. Es ist also Pflicht, auch des Großvaters unseres Grafen ehrend zu gedenken. Die Einsicht und die Energie, die dieser damals an den Tag gelegt hat, finden wir im Enkel reichlich wieder.

Ein Sohn von Ferdinand Ludwig, Graf F r i e d r i c h v o n Z e p - p e l i n (geb. 1807), ist der Va t e r vom Grafen Ferdinand. Er ver-heiratete sich im Jahre 1834 mit Amalie Macaire d'Hogguer. Diese gehörte einer alten Genfer Refugié-Familie an, die im Jahre 1785 mit vielen angesehenen Familien hatte flüchten müssen. Sie kamen nach Konstanz am Bodensee und bildeten dort eine französisch-refor-mierte Kolonie. Amaliens Großvater, Jacques Louis Macaire de l'Or, erhielt vom Kaiser Joseph II. im Jahre 1785 die Dominikanerinsel und richtete daselbst eine Kattunfabrik ein. Dort entstand später das jetzige Inselhotel. Auch kaufte Macaire zu Anfang des vorigen Jahr-hunderts das Landgut G i r s b e r g in der Gemeinde Emmishofen, und zwar vom Herzog Friedrich von Württemberg, dem nachmaligen König.

Sein Sohn David verheiratete sich mit Coraly d'Hogguer von St. Gallen. Dies sind die G r o ß e l t e r n unseres Luftschiffers. Bei ihnen auf der Insel Konstanz verlebte er sonnige Jugendtage. Madame Coraly Macaire war eine kluge und äußerst liebenswürdige Frau. Durch ihre Herzensgüte gewann sie sich große Sympathien. Namentlich verstand sie es, die We i h n a c h t s f e s t e gar lieblich zu gestalten. Gewöhn-lich lud sie dazu einen größeren Kreis ihrer Bekannten ein. Und jedes Mal ersann sie eine neue originelle Idee, um ihre Familie und ihre Gäste zu erfreuen. Wir können uns denken, welch liebliche Eindrü-cke dadurch unser Graf mit seinen beiden Geschwistern in den frühen Kindheitstagen dort bekam.

Wir versuchen nun, uns in Kürze ein Bild der E l t e r n unseres Grafen Ferdinand zu machen.

Graf Friedrich von Zeppelin,
der Vater des Grafen

Sein V a t e r, Graf F r i e d r i c h von Zeppelin, war vor seiner Verheiratung Hofmarschall des Fürsten von Hohenzollern-Sigmaringen. Seine Familie verkehrte schon frühe mit der Familie Macaire in Konstanz in freundschaftlicher Weise. So lernte Graf Friedrich seine nachmalige Gattin, Amalie Macaire, kennen und führte sie am 30. November 1834 als vielgeliebte Lebensgefährtin heim. Es war eine sehr glückliche Ehe.

Graf Friedrich war ein welterfahrener, feingebildeter Mann, ein richtiger E d e l m a n n. Und dabei war er eine einfache, schlichte, liebenswürdige und gottesfürchtige Persönlichkeit. Er hatte einen offenen Sinn für alles Schöne und Ideale in Kunst und Natur. Er war eine D i c h t e r s e e l e durch und durch, wie uns eine hübsche Sammlung von Gedichten beweist. Dichter von Ruf zählten auch zu seinen Freunden, so Lenau, Gustav Schwab, Graf Alexander von Württemberg u.a. Als L a n d w i r t in Girsberg beteiligte er sich p e r s ö n l i c h an den Arbeiten; er führte selbst den Pflug. Morgens war der Graf der Erste auf dem Platze. Daneben war er ein großer J ä g e r; und kein noch so schlimmes Wetter, Kälte oder Hitze, Sturm oder Regen und Schnee, konnte ihn hindern, diesen seinen Liebhabereien zu huldigen und gleichzeitig in sein Gemüt aufzunehmen, was die Natur ihm an Schönem, Nützlichem und Lehrreichem bot.

Die M u t t e r unseres Grafen Ferdinand war eine Frau von ganz besonderer Anmut und gewinnendstem Liebreiz. Dabei hatte sie einen sehr lebendigen Geist und ein reges Interesse für Menschen und Dinge und ein stets wohlwollendes Urteil. Ihr reiches, weiches Gemüt war gepaart mit fröhlicher Heiterkeit und gesundem Humor. Mit liebevollem Verständnis versenkte sie sich in die kindlichen Phantasien, die Gedanken und Interessen ihrer Kinder. Es war ihr eine Herzensfreude, sich ihnen zu widmen und ihr Spiel zu teilen, als wäre es ganz ihre Sache. Und so weihten die Kinder sie denn auch ganz in ihr kleines Tun und Treiben ein.

Frühe schon – 1852 – starb diese herrliche Mutter, erst 35 Jahre alt, und zwar in Montpellier, wo sie unter ärztlicher Leitung die letzten Jahre ihres Lebens zubrachte. Es ging ihrem Tode eine mehrjährige Leidenszeit voraus, und damit waren bange Sorgen für den Vater und auch tiefe, ernste Eindrücke für die gräflichen Kinder verbunden.

Gräfin Amalie von Zeppelin, geb. Macaire,
die Mutter des Grafen

Auf solch fruchtbarem Boden und selten günstigen Verhältnissen erwuchs die Persönlichkeit unseres Grafen. Sein Lebensbild wird uns zeigen, dass er das glücklich veranlagte Kind dieser trefflichen Eltern war. Ihr Bild, das des Vaters sowohl, als auch der Mutter, finden wir in ihm in schönster Harmonie verbunden wieder. Sein Erzieher schrieb: „Im ganzen häuslichen und ökonomischen Betrieb war ein Frieden, der äußerst wohltuend und auch für die Entwicklung des Gemütslebens der Kinder von wesentlicher Bedeutung war. Da hörte man nie ein Zanken oder Schelten, geschweige denn Fluchen und Wettern, sondern allenthalben war ein himmlischer Friede. Wenn es je etwas zu verweisen gab, so geschah es mit Liebe und Schonung. Es gab sich von selbst, dass ich, von solcher Friedensluft umgeben, mich auch gewöhnte, mit Geduld und Sanftmut zu erziehen und die Arbeiten der Zöglinge zu überwachen. D i e u n e n d l i c h e L i e b e , G ü t e u n d R u h e , d i e d e r G r a f F e r d i n a n d j e d e r z e i t u n d b i s i n s e i n Alter b e w i e s , w u r z e l t w e s e n t - l i c h i n d e m v o r b i l d l i c h e n C h a r a k t e r s e i n e s E l t e r n h a u s e s ."

„Dieu défend droit", das ist der Wahlspruch der Vorfahren unseres Grafen. Ein passenderes Wort ließe sich kaum auch für ihn selber und sonderlich für sein Lebenswerk finden. Denn Gott hat in der Tat auch s e i n R e c h t v e r t e i d i g t . Schon zu seinen Lebzeiten, da er die großen Erfolge und die allseitigen Anerkennungen noch erleben durfte. Und nun aufs Neue wieder durch die Riesenerfolge des Luftschiffes „Graf Zeppelin" in unseren Tagen.

23

Das Geburtshaus des Grafen Zeppelin auf der „Insel" in Konstanz (Nach einer Lithographie aus dem Jahre 1836 von Fr. Pecht, gezeichnet von G. Gagg)

Die Jugendzeit

Einen Knaben kennt man an seinem Wesen, ob er fromm
und redlich werden will.

Sprüche Salomo.

Am 8. Juli 1838 ward Ferdinand von Zeppelin auf der „Insel"
in Konstanz geboren. Als ihm genau 70 Jahre später an derselben Stätte die Stadt Konstanz den Ehrenbürgerbrief feierlich überreichte, sagte der Graf: „Ich bin ein Kind meiner Zeit und
meiner Vaterstadt, mit der ich so eng verknüpft bin. Hier habe ich so
viel Lehren empfangen, die ich für mein jetziges Tun brauche. Schon
frühe habe ich den Fischen und Enten im Kanal zugesehen, habe die
verschiedenen Bewegungen der Schiffe verfolgt und den vom Wind
geführten Rauch beobachtet." Wer hätte es damals wohl geahnt, dass
dieses sinnige Kind nach einem halben Jahrhundert der Erfinder des
Luftschiffes werden würde? Aber es ist charakteristisch für den Grafen
und sein Werk, was er als Knabe beobachtet hat. Nicht von M e n -
s c h e n , sondern vom S c h ö p f e r selbst hat er gelernt. Bei ihm, in
der großen Werkstatt der Natur, ist er in die Schule gegangen. Von
dem großen Künstler droben hat er sich den Gedanken in die Seele
senken lassen, der für unsere Kulturgeschichte von so unvergleichli-
cher Bedeutung werden sollte.

Auf der „Insel" im Hause der Großeltern Macaire bewohnten
seine Eltern einen Flügel über den Bädern, bis ihnen dann der Großvater Macaire den „Girsberg" schenkte, indem er einst bei einer jener
hübschen Weihnachtsfeiern den Kaufbrief desselben an den Christ-
baum hängte. Dorthin siedelte die Familie über. Und zwar wohnte sie
daselbst im Sommer und im Winter, nachdem das Haus zu diesem
Zweck umgebaut worden war.

Hier war es nun, wo Graf Ferdinand mit seinen beiden Geschwistern
E u g e n i e und E b e r h a r d eine überaus glückliche Kindheit ver-

lebte in liebevoller und weiser Erziehung und sorgfältigster Pflege. An dieses schöne Fleckchen Erde knüpfen sich seine schönsten Jugenderinnerungen. Hier stählte er sich in den Bergen und auf dem See die körperliche Kraft zu der Leistungsfähigkeit, die wir noch im Alter an ihm bewunderten. Schon frühe machte der treffliche Vater seine Kinder auf alles aufmerksam. Er selbst war ein großer Kenner und Liebhaber der Natur und verstand es auch, auf die anregendste Weise den Beobachtungssinn dafür zu wecken. Bei jeder Gelegenheit, bei Spaziergängen, auf dem Felde und im Walde, bei der Arbeit und Erholung belehrte er sie. So wurde alles lebendig bei den Kindern. Tiere und Pflanzen allerlei Art fanden ihr größtes Interesse. Auch mussten die Kinder in ihren Freistunden dem Vater behilflich sein bei seinen Arbeiten; so z.B. bei seiner bedeutenden S c h m e t t e r l i n g s - u n d K ä f e r s a m m l u n g , die er durch eigene Raupenzucht immer frisch ergänzte und durch Tausch bereicherte. Diesen Raupen mussten die Kinder täglich das nötige und so verschiedenartige Futter suchen.

Auch in die l a n d w i r t s c h a f t l i c h e n A r b e i t e n wurden die Kinder eingeführt. Sie mussten selber Hand anlegen. Säen, Pflanzen, Vergießen, Heuen, Garbenbinden, Heuladen, Dreschen und dergleichen mehr waren ihnen ganz geläufige Dinge. Jedes hatte seinen kleinen, selbst zu bebauenden Gemüsegarten, dessen Erträgnis sie selbst in die Küche und in die Nachbarschaft trugen und sich dadurch ein kleines Taschengeld verdienten.

Einst löste der junge Graf Ferdinand den Senn bei den Kühen ab, er führte die Tiere auf die Weide; ehe er's sich versah, war ihm die ganze Herde draus gelaufen den Girsberg hinunter zur Landstraße hin. Aber der kleine Graf wusste sich zu helfen; er lief schnell auf die Leitkuh zu, führte sie zurück, und alsbald folgten alle andern nach.

Alle S p i e l e der gräflichen Kinder, zumal im Freien, im Sommer und im Winter, entsprangen teils der kindlichen Phantasie, die dort reichliche Nahrung fand, teils waren sie das Umsetzen in die Tat von dem, was sie lasen und lernten. Zu diesen Zwecken musste ihnen alles dienen, was ihnen im Hause oder draußen unter die Hand kam und brauchbar erschien. So gaben sie z.B. auch eine Zeit lang G i r s b e r - g e r Z e i t u n g e n heraus. Und zwar hatte jeder von den dreien seine eigene Zeitung, worin er seine Beobachtungen mit allerlei Zeichnungen und Aufsätzchen wiedergab. Die des Grafen Ferdinand hieß „Girsberger Luftzeitung". Die Kinder trieben alles gemeinsam, lernen, arbeiten, spielen, so viel es irgend anging, und waren dadurch im Herzen, im ganzen Sein und Streben eng verbunden.

Frühe wurde auch die Vaterlandsliebe geweckt und genährt. Die schöne Bodenseeheimat und ihr deutsches Vaterland erschienen ihnen wie ein Paradies auf Erden, an dem sie mit ganzer Liebe und Begeisterung hingen.

Gottesfurcht, unbedingter Gehorsam, Liebe zu Gott und Menschen, besonders zu den Eltern und untereinander, Offenheit und Wahrheitsliebe, Treue und Dankbarkeit waren die Grundlage und das Ziel ihrer Erziehung. An den Eltern hingen die Kinder mit großer Dankbarkeit, Liebe und Verehrung. Es war ihnen ein wirklicher Schmerz, wenn ihnen als Strafe versagt wurde, den Eltern kleine Dienst- und Handreichungen erweisen zu dürfen.

Die Stille des ländlichen Lebens auf Girsberg wurde in den Jahren 1848 und 1849 durch die badische Revolution unterbrochen. Damals trat dem jungen Grafen zum ersten Mal im Leben kriegerisches Treiben entgegen. Es war, als der Prinz von Preußen, der spätere Kaiser Wilhelm l., die badischen Insurgenten[1] vernichtete und sie zum Teil in die Schweiz trieb. Gleichzeitig kam der Bruder seines Vaters, Graf Wilhelm Zeppelin, der als österreichischer Jägeroffizier bei der Erstürmung von Brescia 1848 durch den Schuss eines Insurgenten das Augenlicht verloren hatte, von Italien an den Bodensee. Der Prinz von Preußen begegnete ihm in seiner herzgewinnenden Weise, als er erfahren hatte, dass ein verwundeter österreichischer Offizier dort weile. Graf Wilhelm von Zeppelin war in jenen Jahren des Öfteren längere Zeit auf Girsberg. Trotz seiner Blindheit erweckte er namentlich bei der Jugend durch sein freundliches, liebenswürdiges Benehmen allezeit Freude. Und seitdem hat er sein herbes Geschick durch ein langes Leben hindurch mit wunderbarem Gleichmut, dessen Wurzeln in seinem festen Gottvertrauen lagen, getragen, bis er im März 1910 im Frieden entschlafen durfte. Lebhaft erinnere ich mich noch seiner. Er war einer von jenen Blinden,

---

1   Anm. des Verlags: veralteter Ausdruck für „Aufständische".

27

die niemals bedrückend auf ihre Umgebung wirken, sondern stets heiter an allem teilnehmen und nicht meinen, ihr Los wäre das schwerste. Eines Tages erzählte er mir mit einem Anflug von Humor, dass sein Kammerdiener, der „Schätzle" hieß, ein Schätzle hätte, nämlich die Köchin des Grafen. Es sei in allen Ehren zugegangen. Aber Schätzle sei Militäranwärter und habe, wenn er sich verheirate, eine gute Besoldung im Staatsdienst zu erwarten. „Was sollte ich machen?", sagte der Graf, „der Staat war mein Konkurrent. Wollte ich den Schätzle behalten, dann musste ich ihn auch bezahlen wie der Staat." Er hatte es nicht zu bereuen.

Der U n t e r r i c h t der gräflichen Kinder lag in seinen ersten Anfängen fast ausschließlich in den Händen der trefflichen Mutter. Später traten Hauslehrer im gräflichen Hause ein. Zunächst, wohl nur für kurze Zeit ein älterer Mann, J. K u r z mit Namen, aus Ravensburg, von einfacher Bildung, aber kindlichem Sinn. Er betrieb das Lernen mehr spielend mit den Kindern. Sein Unterrichten und Erziehen war etwa nach Basedowscher Methode.

Dann kam der württembergische Theologe R o b e r t   M o s e r . Er blieb für etliche Jahre der Erzieher der Grafen, und sein geistiger Einfluss war von großer Bedeutung für sie. In seinen zu Anfang der achtziger Jahre im Selbstverlag erschienenen Lebenserinnerungen („Auch ein schwäbisches Pfarrerleben. Zugleich ein Beitrag zur Pädagogik und Pastoraltheologie") schildert er seinen Einzug auf Ober-Girsberg. Er sagt dort u.a.: „Es war der 20. August 1850. Ein Portal von hochgewachsenen Pappeln kündigte von fern den adeligen Herrschaftssitz an. – Als ich die leichte Anhöhe erreicht hatte, auf der, zwischen Rebgeländen eingeschlossen Ober-Girsberg liegt, trat ich mit bangem Herzen in den Rayon des Schlosses ein. Vor mir lag das Wohnhaus mit hohem Parterre und hübschem Wohnstock, mit Reben bewachsen und auf dem Dach ein Türmchen mit einer Glocke. Ehe ich an der Treppe ankam, sprangen mir z w e i   K n a b e n entgegen und geleiteten mich auf das Zimmer, das ich künftig bewohnen sollte. Begierig hatten sie meine Ankunft erwartet und musterten nun von Kopf bis zu Fuß die Person ihres neuen Hofmeisters. Von Anfang an wich ich von dem Brauche ab, dem L a t e i n i s c h e n alles andere unterzuordnen. Ich räumte auch den R e a l i e n das ihnen gebührende Recht ein. Besonders suchte ich auf eine möglichst anziehende Weise und mit gutem Erfolg, meine Zöglinge in der G e s c h i c h t e und G e o - g r a p h i e zu orientieren. Nach dem Vorgang W. M e n z e l s ließ ich beim Vortrag über die Deutsche Geschichte P r e u ß e n entschieden in den Vordergrund treten, für welches ich seit 1848 bleibende Sympathie gewonnen hatte. Zur Geographie benutzte ich das Lehrbuch von R o o n und sah, wie die Zöglinge mit Lust und Liebe und mit ausdauerndem Fleiß sich geographische Kenntnisse aneigneten. Die jetzt beliebte Methode, von der Heimat auszugehen und in immer weiteren Kreisen sich auf der Erde umzusehen, hielt ich nicht ein. Im Gegenteil fing ich mit den Meeren und Inseln an. Besondere Sorgfalt verwendete ich auf den d e u t s c h e n A u f s a t z und die Bildung des deutschen Stils. Ich gewöhnte meine Zöglinge an selbständiges Arbeiten und Denken und suchte es so einzurichten, dass es ihnen das Lernen nicht entleidete. Als sittliches Bildungsmittel diente mir der R e l i g i o n s u n t e r r i c h t und die b i b l i s c h e G e s c h i c h t e. In diesem Fach liegt der Schwerpunkt des erziehenden Einflusses; und ein Hofmeister, der keinen Religionsunterricht geben dürfte, ist wohl Lehrer, aber nicht Erzieher. Denn alles andere Bilden bleibt auf der Oberfläche. Und es ist wahr, was G o e t h e sagt, dass jemand, der es zu sehr merken lässt, dass er an uns zu bilden sucht, kein Behagen erregt. Am ungezwungensten verbindet sich, was man zu sagen hat, mit dem Religionsunterricht, und der geht auch allein in die Tiefe. Gottes Wortes stille Kraft, sie, die neue Menschen schafft, bildet Herz und Sitte." Soweit Pfarrer Moser.

Vor uns liegt ein Aufsatz, den der junge Graf Ferdinand im Jahre 1851, also mit 13 Jahren, seinen Eltern zum Weihnachtsfest geschrieben hat. Er umfasst 36 Seiten und ist, mit einer außerordentlich deutlichen und hübschen Handschrift geschrieben. Herr Moser hatte mit den gräflichen Knaben im Frühsommer dieses Jahres eine Reise durch Württemberger Land gemacht und dann das Aufsatzthema gegeben: „Die merkwürdigsten Punkte, Schlösser, Ruinen, Wasserfälle, Flüsse, Berge usw., die wir bei unserer Reise in Württemberg miteinander gesehen und besucht haben sowie Charakteristik der merkwürdigsten Persönlichkeiten, die wir kennengelernt haben, sollen lebendig und treu geschildert und dargestellt werden."

Wie sinnig und hübsch hat der 13-jährige Ferdinand seine Aufgabe gelöst! Wir geben einige Proben aus der großen Reisebeschreibung wieder: „Nun traten sie (die Wanderer) den Weg auf die T e c k an. Es war gerade zur schönsten Jahreszeit, am ersten Juni, einem der schönsten Tage in diesem Jahre. Alles grünte um sie her. Und die Vöglein in dem Walde sangen dem Schöpfer munter ihr Danklied in die Luft hinein. Schafherden weideten am Fuße des Berges. Alles dies erfreute die Wanderer sehr; und als sie in den Wald hineingekommen waren, bemächtigte sich auch ihrer das Gefühl von der Größe und Majestät Gottes, welches jedermann schon empfunden haben wird, der ein Gemüt hat, wie Stöber es beschreibt:

Welch ein Frühling blüht hier oben
Unterm Sonnenlicht hervor,
Welch ein Teppich, reich durchwoben
Mit dem schönsten Alpenflor.
Ist ein Herz dem Himmel offen
Und von seinem Licht durchglüht,
Welch ein Leben, Lieben, Hoffen
Aus dem Glaubensgrund erblüht!“

In Kirchheim wurden die Knaben mit ihrem Hauslehrer, Herrn Moser, und dessen Großmutter, der Frau Hofrätin Mutschler, bei der sie zu Gaste waren, eines Tages zur Tafel der Frau H e r z o g i n eingeladen. Diesen Besuch beschreibt der junge Graf in seinem Aussatz folgendermaßen: „ … Die Türe öffnete sich, und es stand eine alte Dame vor ihnen. Sie hatte weiße Haare und ging etwas gebückt. Doch waren ihre Bewegungen sehr graziös. Das Zimmer, in welchem sie sich befanden, war sehr schön. Ein großer Ofen, rechts davon ein Sekretär, auf welchem sehr schöne Sachen standen, als Uhren, kleine Porträts; dann in der Ecke ein schönes, geschnitztes Spinnrad, auf welchem die Frau Herzogin selbst spinnt. Schöne Bilder, Fauteuils usw. machen die Hauptsache der Möblierung aus. Sie sprach und hörte weit besser, als man den Knaben zuvor gesagt hatte. Nun wurde das Essen angesagt, und Frau Herzogin führte die beiden Knaben an der Hand in das Esszimmer. Während des Essens war sie sehr heiter und sprach viel. Als sie aufstand, nahm sie die Knaben wieder an der Hand; und als sie ihr zu langsam gingen, stieß sie sie vornen mit großer Gewalt aneinander. Ein Beweis, wie rüstig sie bis in ihr Alter geblieben ist. Sie schickte darauf die Knaben in den Garten. Dieser, oben auf den Wällen, welche hoch und breit um die Stadt laufen, gelegen, ist sehr schön gehalten und duftet von den herrlichsten Blumen. Die Knaben machten nun ihre Entdeckungsreisen darin und fanden, als sie an das Ende des Gartens kamen, zu ihrer nicht geringen Freude eine Schaufel. Nachdem sie sich ein wenig damit belustigt hatten, lief E b e r h a r d weg, kehrte aber sogleich wieder zurück mit den Worten: ‚Ferdinand, komm, ein Gartenhaus mit lauter kleinen Glöckchen.‘ Ferdinand sprang hin und fand ein kleines, champignonartiges Häuschen, in welchem eine Menge kleiner Glöckchen von Glas hingen, welche verschiedene Farben hatten. Wenn man an den Pfosten des Häuschens stieß, so gaben die Glöckchen helle Klänge von verschiedenen Tönen von sich, was ein sehr schönes Glockenspiel gab. In dem Garten duftete es von Orangen, Zitronen, Pomeranzen und andern Bäumen. Nachdem sie sich ein wenig umgesehen hatten, wurden sie hereingerufen, um sich zu verabschieden. Mit großen Pomeranzen beschenkt, kehrten sie froh nach Hause zurück."

„Während des Aufenthalts in Stuttgart gingen wir an einem Nachmittag zu Herrn Grafen von Neiperg, und dann zu Herrn P r ä l a t v o n M o s e r, zu welchem wir zu einer Schokolade eingeladen waren, und wurden sehr freundlich empfangen. Der Herr Prälat ist ein sehr schöner, großer Mann. Seine hohe Stirn, schönen Augen, gerader, würdiger Gang, ganz schwarzer Anzug und sein Samtkäppchen lassen alles auf einen Geistlichen schließen. Er war sehr freundlich gegen uns und fragte uns, was wir werden wollten. Er gab uns manche gute Lehren und Ermahnungen. Dann zeigte er uns seine Ahnenbilder, welche er von den Ur-Ur-Ur-Eltern herunterführte. Unter diesen waren auch die Eltern des berühmten Johann Jakob von Moser. Noch zwei andere Bilder zeigte er uns, nämlich C h r i s t u s   a m   K r e u z und den Tag des J ü n g s t e n   G e r i c h t s. Beides sind zwei sehr feine und große Kupferstiche. Auf dem ersten ist die ganze Natur in Aufregung, es ist gerade die Zeit der Finsternis. Die Heiligen stehen aus den Gräbern auf, und der Kriegsmann sticht den Heiland in die Seite. Das Bild griff mich sehr an. Noch mehr aber das Jüngste Gericht. Ein lichtes Kreuz, an dessen Mitte der Heiland ist, steht in den Wolken. Eine Menge von Engeln umschweben es. Darunter ist die Erde. Die Gräber tun sich auf, und die Toten gehen hervor. Auf jedem einzelnen Gesicht kann man lesen, ob der Mensch selig werde oder nicht. Man sieht nun die, welche der liebe Heiland zu seiner Rechten stellt, frohlocken, die zur Linken jammern. – Die Frau Prälatin ist eine sehr liebenswürdige schöne Frau von mittlerer Größe. Sie ist noch gar nicht alt, obwohl sie schon graue Haare hat. Sie ist noch sehr rüstig, geht überall selbst nachzusehen. Ihre Töchter ahmen sie ganz nach, fast nie legen sie ihre Arbeit aus den Händen. Die kleinste, jünger als der Eberhard, kam strickend, uns die Gangtüre aufzumachen. Sie machen die schönsten Arbeiten, und nie macht eine Näherin die Hemden für die Söhne, sondern alles die Töchter."

In einem andern Abschnitt des Aufsatzes heißt es: „Nach dem Essen fuhr man nach E s s l i n g e n . Eberhard, der unwohl geworden war, blieb mit einigen Damen zurück (in Untertürkheim). Er lag, als wir mit der Eisenbahn an ihm vorüberfuhren, auf einer roten Mantille, einen Sonnenschirm in der Hand auf dem Grase. Er sah wie ein chinesischer Mandarin aus. Gleich, als wir angekommen waren, sahen und hörten wir, wie eine Alb-Lokomotive mit furchtbarem Getöse den Dampf ausließ. Wir sahen da ganz und halb zerteilte Lokomotiven, und man erklärte uns die innere Einrichtung. Wir kamen auch in einen großen Saal, in welchem eine Menge eiserner Maschinen waren. Die meisten Stücke, an welchen wir arbeiten sahen, gehörten zu der Maschine des neuen Dampfboots ‚Wilhelm‘. Alle diese Maschinen werden durch den Dampf getrieben. Das Hauptrad, welches man uns zeigte, drehte sich in e i n e r S e k u n d e 300 Mal herum. Es ist unglaublich, was der Mensch mit der Hilfe der Natur vermag."

„Bald traten wir den Weg auf den L i c h t e n s t e i n zu Fuß an. Eine ordentliche Straße führt an einem Abhange seitwärts hinauf; ehe man ganz droben ist, ist sie sehr schön durch die Felsen gesprengt. Wir klingelten, und der Verwalter öffnete. Es waren zwei Häuser zu beiden Seiten des Tores. Der Verwalter führte uns zuerst an der Zugbrücke vorbei auf einen Vorsprung, von welchem aus wir am besten sehen konnten, wie kühn das Schloss an den Abgrund auf Felsen hinausgebaut war. In dem Hofe standen an verschiedenen Lücken mehrere Kanonen, dann gingen wir über die Zugbrücke hinein. Gleich dahinter standen ein paar große Kanonen mit Kugeln dabei. Jetzt traten wir in das eigentliche Schloss. Hinter der Tür hing ein Gedicht, vom Herrn Grafen selbst gedichtet, über die Erbauung des Lichtensteins. Gerade vor uns war eine Türe, sie führte in den Rittersaal. Es waren einige Waffen darin aufgestellt, und er war prächtig eingerichtet. Dann wurden wir in den altertümlichen Speisesaal geführt. Er war dunkel getäfelt, eine Menge Sprüche und Verse waren an die Wand gemalt. Eine kleine Rednerbühne war in einer Fensternische, große Humpen und Trinkhörner hingen von der Decke herab. Nun gingen wir die erste Wendeltreppe hinauf. Da hing im Gang die schöne Rüstung, welche G r a f W i l h e l m in dem T u r n i e r e, welches der Vater und ich gesehen hatten, trug. Es wurden uns noch viele Zimmer gezeigt, viele Bilder hingen darin, und in den meisten waren Betten. Man bemerkte letztere jedoch nicht. Der Verwalter öffnete eines, es kam aus der Wand heraus, wie etwa der Deckel eines liegenden Kastens. Es war dasselbe, auf welchem wenige Tage vorher der D i c h t e r O t t m a r S c h ö n h u t gelegen. Er hatte viele Gedichte auf dem Lichtenstein geschrieben. Wir sahen auch das schöne Bett der G r ä f i n T h e o - d o l i n d e mit einem grünseidenen Himmel. Das hinterste Zimmer war eine K a p e l l e mit einer Orgel, darin hielt Gräfin Theodolinde ihren Gottesdienst. Dann ging es lange immer eine Wendeltreppe in den Turm hinauf. Endlich kamen wir unter einen großen blechernen Deckel, er wurde zurückgeschoben, und wir standen auf der Spitze des Turmes. Es war ein runder Boden, und die Mauer ragte darüber hinaus. Es sind lauter Zacken darin, und diese Zacken sind mit steinernen Platten bedeckt. Auf der äußersten Zacke, ganz am Abgrunde, wo die Bäume unter uns Halme zu sein schienen, drehte sich G r a f W i l - h e l m den Tag, ehe wir droben waren, auf einem Fuß herum. Und ich hätte nicht e i n e n Fuß darauf setzen mögen. Die Aussicht war ganz prachtvoll; gerade unter sich hatte man das Tal, die Häuser kamen uns wie Punkte, die Landstraßen wie Fäden vor. In der Ferne lag eine Menge Ortschaften, nur Reutlingen war hinter einem Vorsprung der Bergkette verschwunden. Als wir die Aussicht gesehen hatten, gingen mir wieder hinunter. An der Wand in der Mitte der Treppe war ein rundes Brettchen. Der Verwalter schob es hinweg und hieß mich in das dahinter vorgekommene Glas sehen. Wie erstaunte ich, ein schönes Schloss zu sehen, es war wie in einem Panorama. Das Schloss war H o h e n s c h w a n g a u in Bayern. Dann wurden die Türen längs der Treppe geöffnet. Jede führte in ein Zimmer, in welchen Steinsammlungen, alte Waffen, indische und persische Mäntel, Turbans waren, auch das Gewehr, welches dem Grafen auf der Jagd zersprang, ohne ihn zu verletzen, und noch eine Menge solcher Requisiten."

Diese Proben aus dem Aufsatz mögen genügen, um zu zeigen, welch ein feiner Beobachter von Natur und Menschenleben schon der 13-Jährige war, und auch, wie sich schon damals sein reges Interesse der Technik zuwandte.

Kandidat Moser gab den gräflichen Kindern auch den K o n f i r - m a n d e n u n t e r r i c h t, und zwar der Tochter E u g e n i e und dem Sohne F e r d i n a n d. Es war ihm ein Genuss – wie er in seinen „Erinnerungen" schreibt –, solch b e g a b t e n K i n d e r n und e m p f ä n g l i c h e n Gemütern das Beste und Heiligste, was er hatte, seinen Glauben, anzuvertrauen und ihnen den Weg der Gottseligkeit, den Weg zum Himmel zu zeigen. In S t u t t g a r t wurden sie dann von S t a d t d e k a n M e h l konfirmiert. Dieser ließ der Konfirmation noch einen 14-tägigen Unterricht vorausgehen und sagte zu Moser, wenn er in jeder Stunde s o v i e l Freude mit diesen K o n - f i r m a n d e n gehabt habe, wie er, so sei er zu beneiden und glücklich zu preisen. Moser erzählt, Graf Ferdinand sei ihm nach seinem ersten Abendmahlsgang um den Hals gefallen und habe gesagt: „Ach, Herr Moser, jetzt bin ich glücklich!"

Sonntags wurde von Girsberg aus der Frühgottesdienst des Dekans E. Fr. S t e i g e r in Egelshofen (dem heutigen Kreuzlingen) besucht, von dem Generalsuperintendent Hoffmann in Berlin einmal gesagt hat, er sei „einer der besten Geistlichen der ganzen Schweiz". Er predigte tief und eindringlich und zugleich praktisch. Und seine Kirche war gewöhnlich so gut besucht, dass später Kommende kaum noch einen Platz fanden.

Neben der Erziehung des Herrn Moser ging diejenige von Seiten der E l t e r n. Die gräflichen Kinder wurden in K l e i d u n g und K o s t e i n f a c h gehalten. Auch bei Einladungen mussten sie ein und das andere Gericht vorübergehen lassen. Sogar an Weihnachten war das B a c k w e r k ausgeschlossen. Auch in Spielsachen war Maß und Ziel. Dagegen lernten sie manches für das praktische Leben. Sie lernten z.B. Vögelausstopfen. Graf F e r d i n a n d hatte auch eine Hobelbank, auf der er schreinerte. Sein Hauslehrer hielt noch nach Jahrzehnten ein Büchergestell in Ehren, das sein einstiger, nun längst berühmt gewordener Zögling gemacht hatte. Schon früh bildete sich bei der trefflichen Erziehung, welche die gräflichen Kinder genossen, eine Selbständigkeit, ein offenes freimütiges Wesen und eine Sicherheit im Benehmen aus. Der Hauptschmuck aber war bei allem die Entwicklung eines religiös-sittlichen Charakters, die schon damals zu den schönsten Hoffnungen für ihr späteres Leben berechtigte.

Ein rührender Zug aus dem Knabenleben des Grafen Ferdinand soll hier erwähnt werden. Sein Hauslehrer hatte einst eine Predigt zu halten. Und Ferdinand merkte, dass ihn das Studium darauf hart ankam. Da setzte er sich hin und schrieb Gedanken über den Predigttext nieder. Dasselbe tat in einem andern Zimmer die junge Gräfin Eugenie. Und was die beiden geschrieben hatten, war derart gut, dass Kandidat Moser fast alles für seine Predigt verwerten konnte.

Ein anderes Mal machte Moser mit dem Knaben einen Besuch im Pfarrhause. Die Frau Pfarrer Steiger war in großer Verlegenheit wegen der Sonntagspredigt, da ihr Mann plötzlich erkrankt war. Sie fragte den Kandidaten Moser, ob er die Vertretung übernehmen könne. Er gab zur Antwort, er müsse doch zuerst seinen gräflichen Herrn um Erlaubnis fragen. Graf Ferdinand hatte das besorgte Gesicht der Pfarrfrau gesehen. Als sie ein Stück Wegs gegangen waren, lief er zurück und sagte ihr: „Papa wird es gewiss erlauben!"

Die große Besonnenheit und Überlegung, verbunden mit einer fast beispiellosen Energie, die wir an dem Grafen bewundern, zeigte sich schon in seinen frühen Knabenjahren. Dazu mag das folgende Vorkommnis als Beleg dienen. Im Winter konnte öfter auf einem zugefrorenen Teich des Gutes Schlittschuh gelaufen werden. Aber der Vater pflegte, jeweils zuerst das Eis mit einem starken Baumstück auf seine Stärke zu erproben. Einmal wartete nun Graf Ferdinand diese Erprobung nicht ab, sondern ging als kleiner Wagehals aufs Eis und brach ein, ohne sich wieder heraushelfen zu können. Da fiel ihm ein, dass der

Teich ja einen kleinen Zufluss habe. Dort müsse man an einer offenen Stelle ans Land kommen können. Blitzartig, wie dieser Gedanke ihn durchfuhr, machte er auch schon Bewegungen unter der Eisdecke und gelangte so schwimmend an das Ufer. Tritt da nicht schon im Kleinen „der Mann der Tat" hervor?

Eine Bereicherung für das geistige Leben der gräflichen Kinder war der rege Verkehr, den die Familie mit den benachbarten Herrschaften pflegte. Auf Schloss Castel lebte damals die geistreiche und fromme Freifrau A l b e r t i n e   v o n   S c h e r e r, deren Sinn für alles Schöne und Gute und deren ausgeprägtes kirchliches und christliches Interesse auch für die junge Welt von Wert war. Auch die Familie des russischen Staatsrates v o n   S t o f f r e g e n wohnte in der Nähe. Und eine besondere Bereicherung war es, dass die G r o ß m a m a, Gräfin P a u l i n e   v o n   Z e p p e l i n, während ihrer Witwenzeit ihren Sommeraufenthalt in dem unterhalb Castel gelegenen Grünthal hatte. Die alte Dame kam oft schon früh morgens in den Garten nach Girsberg und begrüßte in französischer Sprache ihre Enkelkinder.

So verging die schöne Girsberger Jugendzeit. Dann kam Graf F e r d i n a n d in die oberste Klasse der O b e r r e a l s c h u l e nach S t u t t g a r t, während sein Bruder die Lateinschule in Cannstatt besuchte. Und beide nahmen ehrenvolle Plätze ein.

„Graf Ferdinand" – so schrieb sein greiser Erzieher Pfarrer a. D. Moser – „war ein bildschöner Knabe, kräftig, ebenmäßig gewachsen, ähnlich seiner herrlichen Mutter, liebenswürdig, sanftmütig, herzensgut, reich begabt, doch mehr praktischer Natur, brav, gehorsam, willig zur Arbeit, wohlwollend gegen jedermann."

Als Moser im Spätjahr 1853 das gräfliche Haus verlassen hatte, sandte Graf Ferdinand ihm nachher ein Andachtsbuch, das den Titel hatte „Gottes Wort in Gebetswort", zum Geschenk und schrieb die folgende Widmung hinein, die von der inneren Reife des jungen Grafen ein prächtiges Zeugnis ablegt: „Das Gebet scheint mir eine Waffe zu sein, die uns der liebe Gott selbst geschenkt hat, um nach seinen Verheißungen durch unsern teuren Heiland und Erlöser den Teufel, die Pforten der Hölle, zu überwinden und uns das Himmelreich zu erkämpfen. – Möge es Ihnen, lieber Freund, auch in dieser Form, bei dem Lesen des Wortes Gottes, zu einem rechten Segen werden! Amen.

Zum Andenken an Ihren jungen Freund in Christo Jesu und Ihren dankbaren Zögling Ferdinand von Zeppelin. Zum 1. Januar 1854."

Später schenkte Pfarrer Moser seinem ehemaligen Zögling einmal bei einer festlichen Gelegenheit eine illustrierte Prachtausgabe des Neuen Testamentes. Es war das schon in jenen Jahren, da Zeppelin in überreicher Arbeit und in Sorge um Vollendung seines Luftschiffes stand. Er dankte sogleich, ehe er das Buch näher angesehen hatte, fügte aber bei, zum Bücherlesen komme er jetzt nicht. Nachher war es ihm sehr leid, als er sah, dass es „das Buch über alle Bücher" war.

Graf Ferdinand von Zeppelin
im 15. Lebensjahr
(Nach einem Gemälde von Theodor Schüz)

Der junge Leutnant

„Furchtlos aber treu“.

Nachdem der junge Graf die Kriegsschule zu Ludwigsburg absolviert hatte, wurde er zum Leutnant der Infanterie befördert, jedoch schon nach kurzer Zeit zum Besuch der Universität Tübingen beurlaubt. Im Frühjahr 1859 wurde er von dort wegen der Kriegsvorbereitungen zum Ingenieurkorps nach Ulm einberufen und im August des gleichen Jahres als Oberleutnant zum Generalquartiermeisterstab versetzt. Im Jahre 1863 gab es plötzlich eine merkwürdige Abwechslung in seiner militärischen Laufbahn. Er ließ sich nämlich zur Teilnahme am nordamerikanischen Sezessionskriege beurlauben.

Freiherr G. von Woellwarth stellte mir freundlicherweise ein Gedicht zur Verfügung, das sein Jugendfreund Graf von Zeppelin ihm damals geschickt hatte. Der Zusammenhang ist folgender: Zeppelin war zur Hochzeit Woellwarths als Brautführer eingeladen. Ehe dieselbe aber stattfinden konnte, reiste unser Graf nach Amerika ab. Auf poetische Weise entschuldigt er nun sein Fernbleiben von dem Feste der Freude. Die Verse sind charakteristisch. Sie lauten:

Lieber Freund!
Dein hohes Fest, das längst mir freundlich lachte,
Nicht soll es mich zu seinen Gästen zählen,
Nicht werden soll, was ich so schön mir dachte –
Ein Gott im Busen ließ mich anders wählen.
Zwei Wege zeigt uns das Gesetz der Sitte,
Ein künftig Leben würdig zu bestehen.
Das Schicksal scheidet weit ab unsere Schritte,
Lässt einen dich, und mich den andern gehen.
Dir gibt die Liebe sicheres Geleite,

Sie wusste ihren Jünger sich zu finden,
An eines holden Engels Seite
Darfst Nutzen du dem Lieblichen verbinden.
Von eures Hauses frommer Weise,
Wie sanfte Wellen sich bewegen,
Dehnt sich in immer größeren Kreisen
Weit um euch hin des Himmels Segen.

Ich bin Soldat,
Mann rascher Tat.
Es drängt mich
Feindlich
Stille Sitte
Aus ihrer Mitte.
Ich darf im Scheiden
Sie nicht beneiden.
Ich muss im Kampf,
Muss im Pulverdampf
Prüfen den Mut
Und in Gefahren
Ruhigen Blick wahren,
Den Mann muss ich sehen,
Sein Herz verstehen,
Wie vor dem Feind er steht,
Dem Tod entgegengeht.
Schützt mich Gottes Hand,
Kehr ich zum Vaterland,
O schöner Augenblick,
Freudig zurück.

O guter Freund, auch mich treibt Liebe
In die durch Krieg erregten Fernen,
Des Vaterlands, der Menschheit Liebe.
Nur ihretwegen will ich lernen,
Wie ich den andern dienen kann.

Wie ich gebetet, wie ich sann,
Den rauen Weg, ich muss ihn wallen,
Dir ist das schön're Los gefallen.

Vom Präsidenten L i n c o l n erhielt der Graf damals die Erlaubnis zur freien Bewegung innerhalb der Heere der Vereinigten Staaten. Es ging ihm darum, den Wert eines Milizheeres zu studieren. Er wollte sich vor dem Feind erproben. An Gelegenheit dazu fehlte es ihm nicht. Als er einst ganz allein einen Angriff gegen Stuarts Reiter in die Flanke begleitete, bewies er einen unerschrockenen Mut. Es war ein Wagestück. Seine Geistesgegenwart kam ihm dabei sehr zu statten. Die Kavalleristen der Südstaaten verfolgten ihn heftig. Nur wie durch ein Wunder entging er der todbringenden Kugel oder der Gefangenschaft. Bei St. Paul in Kanada machte er seinen ersten Aufstieg in einem Fesselballon mit. Das regte in ihm den Gedanken an, d e n B a l l o n f ü r K r i e g s z w e c k e in ausgiebigerer Weise, als es bisher geschehen konnte, zu verwenden.

Auch sonst legte der nordamerikanische Sonderbundskrieg dem jungen Oberleutnant manche ernste Probe auf. Mit zwei Russen und zwei Indianern bildete er einmal eine Expedition, um den Quellen des Mississippi nachzuspüren. Die Forschungsreise verzögerte sich länger, als zu erwarten war. Da ging ihnen der P r o v i a n t aus. In einsamer, wilder Gegend, fern von aller menschlichen Kultur, litten sie ernstlich Hunger. Das einzige Essbare waren W a s s e r r a t t e n , die sie anfangs kochten; als auch das nicht mehr möglich war, weil ihnen das Wasser fehlte, aßen sie diese Tiere roh, und zwar mit dem besten Appetit nach dem bekannten Sprichwort, dass H u n g e r der beste Koch ist.

Und um den quälenden Durst zu stillen, hielten sie während eines Gewitters einen großen Mantel auf und sammelten darin das Regenwasser.

Der Graf legte übrigens während jener Zeit noch ein Bravourstückchen ab. Er hatte im Strudel der Niagarafälle die Beobachtung gemacht, dass ein Stückchen Holz zu einer bestimmten Stelle an einen Felsen getrieben wurde. Nun warf er ein zweites Stück Holz zu jenem Felsen ins Wasser, und dies wurde zu ihm zurückgetrieben. Da sagte er sich, wenn das H o l z jene Stelle erreicht und zurückkommt, kann ich es auch. Er warf sich ins Wasser und kam glücklich zu dem Felsen. Dort nun hatte er einen prächtigen Blick auf die Fälle. Der Niagara zeigte sich ihm in seiner ganzen majestätischen Schönheit; von keiner andern Stelle aus konnte man ihn so gut betrachten. Auch ein vollständig geschlossener Regenbogen war dort zu sehen, der sich im Wasser schloss und einen feenhaften Anblick gewährte. Richtig kam Zeppelin wieder ans Ufer.

Graf Zeppelin kehrte aber nach der Heimat zurück, und auch dort sollte er sich bald im Feuer bewähren. Es war im Jahre 1866, als er am Tage des Gefechts von Aschaffenburg eine dringende Meldung zu machen hatte. Er hatte beim Feind etwas beobachtet, das unbedingt mitgeteilt werden musste. Aber der stark angeschwollene Main trennte ihn von den Seinen. Was sollte er machen? Die Lage war kritisch. Sollte er sein Leben wagen oder eine ganze württembergische Division preisgeben? Er entschied sich für das Erstere. Wir geben darüber einen authentischen Bericht eines Verwandten des Grafen: „Es handelte sich an dem fraglichen Tage des Jahres 1866 darum, die Verbindung zwischen der württembergischen und der auf dem linken Mainufer befindlichen hessischen Division herzustellen. Die Brücken bei Aschaffenburg und Stockstadt waren vom Feinde besetzt. Graf Zeppelin hatte den Auftrag, die Verbindung herzustellen, übernommen. Nach anstrengendem Ritt in großer Hitze, der die Kräfte seines Pferdes völlig erschöpft hatte, musste er ohne dieses in voller Uniform mit hohen auf den halben Oberschenkel reichenden Stiefeln und schwerem Säbel den Strom durchschwimmen. Etwa auf halbem Wege verließen ihn die Kräfte. Er musste sich auf den Grund sinken lassen, von dem er sich aber wieder abstoßen konnte, um an der Oberfläche Luft einzuatmen. Nach mehrmaliger Wiederholung dieses Manövers gelang es dem Grafen schließlich, dem Ufer so nahe zu kommen, dass er, noch im Wasser sitzend, sich erholen konnte. Das Zurückschwimmen nach erfülltem Auftrage bot keine Schwierigkeiten mehr. Das Schwimmen hat Graf Zeppelin im sechsten Lebensjahre erlernt, sodass er bereits im Alter von sechseinhalb Jahren beim Einbrechen in das Eis sich durch Schwimmen das Leben retten konnte. Bis ins hohe Alter war Seine Exzellenz ein rüstiger Schwimmer, der erst, wenn die niedrige Wassertemperatur im Herbst dies gebietet, seine täglichen, mindestens halbstündigen Schwimmpartien aufgab." Das war wieder einmal ein Stücklein gewesen und eine edle Tat dazu. Hoch klang das Lied vom braven Mann in den Reihen seiner Waffengefährten. Und der König verlieh ihm für das Bravourstück, das von so bedeutenden günstigen Erfolgen war, das Ritterkreuz des Militärverdienstordens.

Die folgenden Jahre brachten den Grafen in enge Beziehung zur preußischen Armee. Er wurde nach Berlin kommandiert und dem Prinzen Wilhelm, dem späteren König von Württemberg, beigegeben während dessen Kommandierung nach Potsdam zu den Leibgarde-husaren. In jener Zeit (1867) machte Zeppelin einmal bei den bayerischen Manövern im Lechfeld im Stabe des Generals von der Tann mit einem seiner Vettern, dem oben erwähnten Generalmajor a. D. E. von Zepelin, einen gemeinsamen Ritt vom Manöverfelde. Sie kamen an ein sehr breites, tiefsumpfiges Gewässer. Trotz der Warnung eines auf der Wiese beschäftigten Bauern suchte der Graf dasselbe nicht zu umreiten, sondern zu überspringen. Sein Pferd erreichte aber nur mit den Vorderfüßen den jenseitigen Rand. Unfehlbar wäre der Reiter in den Sumpf gedrückt worden, wenn er sich nicht über den Kopf des Pferdes hinweg auf die andere Seite geworfen hätte. Dabei zog er die Zügel mit sich und hielt an ihnen das Pferd so lange, bis Hilfe kam. Wunderbarerweise gelang die Rettung. Scherzend ritt Zeppelin weiter.

Der Scheuerlenhof
(Hier wurde die Patrouille des Grafen Zeppelin von den Franzosen überfallen.)
(Nach einer Photographie)

Im Deutsch-Französischen Krieg

Wir Deutsche fürchten Gott und sonst nichts in der Welt.

Bismarck.

Es war zu Beginn des für Deutschland so ruhmreich verlaufenen
Siebziger Krieges[2], als sich die dritte deutsche Armee in der
bayerischen Pfalz befand. Da die Nachrichten über den Auf-
marsch der französischen Truppen fehlten, sollte eine starke Kavalleriepatrouille zu gewaltsamer Rekognoszierung über die Grenze
hinausreiten. Besonders sollte diese auch auskundschaften, wo sich
die dritte Division der Armee Mac-Mahons befände. Zum Führer
dieser Patrouille wurde der württembergische Generalstabshaupt-
mann G r a f   Z e p p e l i n bestimmt. Seine Begleiter waren vier
badische Kavallerieoffiziere: von Wechmar, von Gayling, von Villiez
und Winsloe sowie vier Gefreite und drei Dragoner. Es galt durch die
feindlichen Vorposten hindurchzureiten. Sonntag, den 24. Juli, ritt die
Patrouille vom Städtchen H a g e n b a c h aus, etwa acht Kilometer
von der französischen Grenze ab. Der Ritt ging zunächst in südlicher
Richtung. Die Besatzung der Festung Lauterburg wurde völlig über-
rascht und der Ort mit geschwungenem Säbel durchritten. Die Zugbrücke über die Lauter und das Tor standen offen. Im Galopp und
mit lautem Hurra ging's über die Brücke und zum jenseitigen Stadttor
hinaus, ehe die entsetzt auf die Seite gesprungene Torwache sich von
ihrem Erstaunen erholen konnte. Gerade sollte in Lauterburg der Gottesdienst beginnen. Eine Menge Kirchenbesucher stand bleich von
Schrecken an den geöffneten Türen der Kirche, als Zeppelin mit seiner
Schar an ihnen vorbeisauste. Eine feindliche Patrouille wurde kampf-
unfähig gemacht und ihr wichtige Papiere abgenommen. Kurz hinter

---

2   Anm. des Verlags: Gemeint ist der Deutsch-Französische Krieg.

Lauterburg zerstörten die mutigen Reiter an der nach Hagenau und Straßburg führenden großen Straße die Telegraphen. Gegen Mittag machten sie vor dem elsässischen Dorfe Neuweiler Halt. Die Einwohner mähten Klee für ihre Pferde und lieferten ihnen gegen Bezahlung Brot und Wein. Als ein Postbote des Weges kam, wurden ihm Briefe und Zeitungen abgenommen; auch den Briefkasten entleerten die Reiter, um auf diese Weise Nachrichten zu sammeln. Nach halbstündiger Rast setzte man den Ritt fort. Etwa um 15 Uhr nachmittags war bei dem scharfen Ritt in der Mittagshitze eine zweite Rast für Rosse und Reiter notwendig. Graf Zeppelin ritt mit einem Dragoner in den Ort T r i m b a c h hinein, um auszukundschaften und beim Bürgermeister Nachrichten einzuholen. Eben waren die Pferde getränkt, da kam der Graf zurückgesprengt und rief mit lauter Stimme: „Aufsitzen!" Im Nu sind die Offiziere und Mannschaften im Sattel, die Säbel blank gezogen, und mit Hurra geht es durch den Ort.

Am Ausgang des Dorfes stießen sie auf eine feindliche Kavalleriepatrouille. Als Erster stößt unser Graf mit dem französischen Lancier K ö h l e r zusammen. Scharf haut er auf ihn ein. Der verwundete Lancier stürzt vom Pferde, und die andern suchen zu entfliehen. Bei der Verfolgung gelang es dann noch, einen Franzosen zum Gefangenen zu machen. Aber auch Graf Zeppelins Pferd hatte einen Lanzenstich in den Hals bekommen. Da besteigt er das Pferd seines verwundeten Gegners, und weiter geht der kühne Ritt. In der Satteltasche fand er später wichtige Mitteilungen über die noch nicht besetzten Grenzorte. Einmal sahen sie unterwegs von Weitem etwa 20 französische Reiter. Sie machten sich wieder kampfbereit. Doch verschwand der Feind bald in jener hügeligen Gegend; er schien sie nicht bemerkt zu haben.

Am Abend kamen sie nach H u n s p a c h an der Linie Weißenburg-Hagenau. Unerschrocken dringen sie in das Stationsgebäude ein, zerstören den überraschten Beamten die Apparate und nehmen die Depeschen und schriftlichen Aufzeichnungen mit. Dann ging's im Galopp davon. Vom Hagenauer Walde aus sandte Zeppelin einen Offizier, den Leutnant von Gayling, mit zwei Dragonern zurück. Glücklich erreichten diese auch die deutsche Grenze. Die Übrigen verbrachten die Nacht im Walde. Dicht zusammengeschart lagen die Leute am Boden, ihre gesattelten Pferde hielten sie am Zügel, nur selten unterbrach ein im Flüsterton gehaltenes Gespräch die Sommernacht. In aller Morgenfrühe setzten sie den Ritt nach Hagenau fort. Überall verursachten sie Entsetzen und Furcht. So kamen sie nach W ö r t h . Dort konnte festgestellt werden, dass in F r ö s c h w e i l e r und R e i c h s h o f e n das französische 12. Regiment der Chasseurs à cheval stände. Das war eine Nachricht von größter Bedeutung. Jeden Augenblick konnten die wagemutigen Reiter nun mit dem Feind zusammenstoßen. Im Wald in der Richtung nach Elsasshausen wurde etwas gerastet. Auch wurden die Meldungen gesammelt. Dann zerstörten sie den Telegraphen auf dem Bahnhof G u n d e r s h o f e n . In der Nähe waren Feinde; in Niederbronn lag das 11. Regiment der Chasseurs à cheval. In der Nähe von Gundershofen lag der S c h e u e r l e n h o f . Dort wollte man die Pferde, um sie leistungsfähig zu erhalten, füttern und tränken. Der Weiler bestand aus mehreren Häusern. Man suchte ihn ab, und da man nichts Verdächtiges fand, kehrte man in einem Wirtshaus ein. Ein Posten wurde aufgestellt, die Pferde wurden besorgt und zum Teil in die Scheune gestellt, zum Teil draußen angebunden. Abwechselnd stärkte man sich in der Wirtsstube an abgekochten Kartoffeln und saurer Milch. Graf Zeppelin hatte unterdessen die Karte vor sich liegen und besprach mit seinen Offizieren das Verhalten im Falle eines Überfalls der Feinde. Plötzlich erscholl der Ruf der Schildwache: „Raus!" Das tapfere Häuflein sah sich von zwei Eskadrons Chasseurs à cheval umzingelt. Man sprang an die Fenster und hinaus auf den Hof. Da erschien auch schon eine feindliche Chasseurpatrouille. Einigen Reitern gelang es noch, ihre Pistolen aus dem Sattel zu reißen und auf die Franzosen zu schießen. Auf dem kleinen Hof entspann sich ein hitziges Gefecht. Zwei badische Offiziere wurden schwer verwundet. Der tödlich getroffene Leutnant W i n s l o e starb noch am gleichen Abend im Kurhaus zu Niederbronn. Hübsch ist, was die Kriegschroniken erzählen, dass der französische Leutnant d e C h a b o t , der ihn niedergeschossen, in ritterlicher Weise noch an sein Bett getreten sei, um ihm sein tiefes Bedauern auszusprechen und ihn zu versichern, dass er nur seine Pflicht erfüllt habe. Als Graf Zeppelin sah, dass jeder weitere Kampf nutzlos sei, sprang er ins Freie. Eine Magd hielt im Hof hinter dem Hause gerade ein gesatteltes französisches Pferd am Zügel. Der Graf riss es ihr aus der Hand und sprengte auf ihm davon. Richtig gelang es ihm auch, den nahen Wald zu erreichen. Zwei Dragoner, denen es auch gelungen war, zu entkommen, wurden nachher wieder gefangen genommen. Der Rest der Patrouille leistete zwar tapfere Gegenwehr, musste sich aber doch ergeben, als zwei von ihnen verwundet worden waren. Zeppelin suchte für sein Pferd einen versteckt stehenden Baum, band es daran und kroch dann zum Teil auf Händen und Füßen in das Dickicht des Wäldchens hinein. Er war froh, dass sein Pferd nicht wieherte und ihn nicht verriet. Nun wurde das Wäldchen von den Franzosen umzingelt, aber merkwürdigerweise fanden sie ihn doch nicht und zogen enttäuscht wieder ab. Die folgende Nacht verbrachte er mehrere Stunden in der Krone eines Baumes. Mehrfach war er nahe daran, von übergroßer Ermattung einzuschlafen, aber er klammerte sich dann immer recht fest an das Astholz, um nicht herunterzustürzen. Als er vor seinen Verfolgern sicher zu sein glaubte, stieg er herunter und kroch, vorsichtig umherspähend, davon. Auch ein hohes Kornfeld diente ihm als Versteck. Dort fand er am Morgen Leute mit Mähen beschäftigt; er kaufte von ihnen Milch, zerrieb sich Körner und fristete so sein Leben.

Nachdem er zwei Tage und zwei Nächte ohne ordentliche Nahrung und mit nur ungenügendem Schlaf unterwegs gewesen war, gelang es ihm nach den Sternen seinen Weg richtend, da er seine Karte im Scheuerlenhof zurückgelassen hatte, an feindlichen Patrouillen vorbei die eigenen Vorposten zu erreichen und das Ergebnis seiner wichtigen Erkundigungen in das Hauptquartier nach Karlsruhe zu berichten. Der Graf musste auf der Straße sogar einmal zwischen zwei französischen Vorposten durchreiten. Dabei kam ihm nicht nur sein schnelles Reiten, sondern auch sein französisch gesatteltes Pferd und sein Helm zu statten, der dem französischen ähnlich sah. Am Nachmittag um 17 Uhr erreichte er bei Schönau die Grenze und bayerische Vorposten. Der damalige badische Generalstabsoffizier v o n   F r i e d e b u r g erzählte, er habe den Grafen zu sich auf einen Wagen genommen, der Graf sei dann in seinen Armen so fest eingeschlafen, dass er ihn in stundenlanger Fahrt nicht geweckt hätte.

Als Anerkennung für seine hervorragenden Leistungen während des Siebziger Krieges erhielt er das Ritterkreuz erster Klasse des württembergischen Kronenordens mit Schwertern, die seltene Auszeichnung des württembergischen Militärverdienstordens, sowie das Eiserne Kreuz.

In der Wirtsstube, in welcher die Reiter durch den französischen Überfall so jählings aufgeschreckt wurden, lag damals ein M ä g d - l e i n i n d e r W i e g e. Die Wirtsleute hießen L i e n h a r d t und stammten aus dem Elsass. Als später in der ganzen Welt die Erfolge des kühnen Luftschiffers bekannt wurden und auch die Persönlichkeit des Grafen wieder ins Interesse trat, bekam er unter den vielen Briefen auch einen von dem damaligen Wiegenkinde. Es hatte sich nach Amerika verheiratet und schrieb von dort mit gar rührenden Worten, dass schon ihre Eltern zu Hause sie die Hochachtung vor den Deutschen gelehrt hätten, weil sie damals einen solch tiefen Eindruck von dem tapferen Mannesmut des Grafen bekommen hätten. Nun sei sie seit ihrer Verheiratung auch durch ihren Mann darin bestärkt worden. – Unter den tausend und abertausend Sympathiekundgebungen hat den Grafen dieser Brief ganz besonders gefreut.

Eine Familie im Schwarzwald hat ein H u f e i s e n aufgehoben, das des Grafen erbeutetes Pferd verlor. Die Leute hingen es an die Wand ihres Zimmers und nannten es das „Zeppelinchen".

Dass sich Zeppelin auch im weiteren Verlauf des Krieges tapfer und mannhaft bewies, können wir uns denken. Seine Geistesgegenwart und große Umsicht zeigten sich allenthalben, wohin er kam. Aber auch manch augenscheinliche göttliche Bewahrung hat er im Kriege erlebt. Einmal lag er vor Paris bei einer Rekognoszierung auf einem Dache und hielt seinen Feldstecher vor die Augen, als plötzlich eine Granate neben ihm platzte. Aber er hatte keinen Schaden genommen. Als er vor Paris das Eiserne Kreuz erhielt, fragte er an, ob er es seiner Ordonnanz geben dürfe. Bei Sedan war er einem württembergischen Armeekorps zugeteilt. Bei seinem großen Anpassungsvermögen war er überall schnell mit den Verhältnissen vertraut. Und was bei Zeppelin immer so wohltuend berührte: Er war ein g a n z e r Mann, er tat nichts halb; das war im Kriege ganz besonders wichtig, und das verhalf ihm neben seinen andern trefflichen Soldatentugenden zu seiner so ehrenvollen militärischen Laufbahn.

Graf Zeppelin mit Kameraden in Amerika, während des
Rezessionskrieges
(Nach einer Zeichnung)

Der Regimentskommandeur

Ein Segen ruht in schwerem Werke.
Dir wächst, wie du's vollbringst, die Stärke;
Bescheiden zweifelnd fängst du's an,
Und stehst am Ziel, e i n g a n z e r M a n n !

Geibel.

D en Deutsch-Französischen Krieg hatte Zeppelin als Generalstabsoffizier der württembergischen Reiterbrigade mit-
gemacht. Nach demselben wurde er 1872 zum Schleswig-
Holsteinischen Ulanen-Regiment[3] Nr. 15 kommandiert. Im Jahre
1874 wurde er Major beim Dragoner-Regiment[4] Nr. 26 in Ulm; 1882
K o m m a n d e u r des Ulanen-Regiments Nr. 19. Der militärische
Dienst wurde dann für etliche Jahre unterbrochen, indem der Graf
1885 als württembergischer M i l i t ä r b e v o l l m ä c h t i g t e r nach
B e r l i n kam und daselbst von 1887 bis 1889 als G e s a n d t e r und
bevollmächtigter Minister im diplomatischen Dienst wirkte. Nicht
gerade gern vertauschte er den Sattel mit dem Diplomatenstuhl. Er
ließ sich damals die Zusicherung geben, dass ihm eine Reiterbrigade
übergeben werde, sobald ein Krieg ausbräche. 1888 wurde er G e n e -
r a l à l a s u i t e des Königs von Württemberg. 1890 kehrte er dann
zu seiner Militärlaufbahn zurück und übernahm als G e n e r a l l e u t -
n a n t das Kommando der 30. Kavalleriebrigade in Saarburg in Loth-
ringen. Dass ein Mann wie Zeppelin mit so hervorragenden Gaben
auch einen Einfluss auf die ihm unterstellten Offiziere und Mannschaften ausübte, ist von vornherein einleuchtend.

Zeppelin war vor allem S o l d a t , und zwar vom alten Schrot und

---

3   Anm. des Verlags: Als Ulanen werden die Reiter der Kavallerie bezeichnet, die mit Lanzen
     kämpfen.

4   Anm. des Verlags: Als Dragoner werden die Soldaten der berittenen Infanterie bezeichnet.

Korn. Tapfer und mannhaft, pünktlich und berufstüchtig. Er kannte nichts anderes als seine Pflicht. Er war sich stets seiner hohen Aufgaben und seiner Verantwortung bewusst. Er war streng gegen sich selbst, fern von aller Weichlichkeit. Und wie er selbst die beste Kraft in den Dienst des Vaterlandes stellte, so verlangte er auch von seinen Untergebenen durchaus Gehorsam, Pflichttreue und Mut. Auf stramme Manneszucht und pünktlichen, gewissenhaften Dienst hielt er als militärischer Vorgesetzter strenge.

Aber es sind ja nicht nur seine soldatischen Tugenden, wodurch er als Regimentskommandeur Bedeutendes leistete, sondern auch durch seine Geistes- und Herzensgaben war er ein leuchtendes Vorbild. So schrieb mir ein Freund aus Württemberg: „Während ich 1875/76 in Ulm diente, ist mir öfter im Militärgottesdienst ein Offizier aufgefallen, der, wenn er seinen Platz eingenommen, andächtig ein stilles Gebet verrichtete und nachher aufmerksam der Predigt zuhörte. Es machte das immer einen tiefen Eindruck auf mich und war mir eine besondere Freude. Das war der Grund, warum ich mich nach dem Namen dieses Offiziers erkundigte, und ich erfuhr, dass es der G r a f Z e p p e l i n sei. Seit jener Zeit habe ich diesen Mann ins Herz geschlossen und ihn verehrt und mich immer aufrichtig gefreut, wenn ich später Gelegenheit hatte, ihn zu sehen."

Zeppelin traf sein Regiment religiös verwahrlost an, und er verließ es gehoben. Er hielt nicht nur darauf, dass die Soldaten an gewissen Sonntagen regelmäßig zum Gottesdienst kommandiert wurden, sondern er ließ es auch da und dort an Mahnungen und Aufmunterungen zum Kirchenbesuch an anderen Sonntagen nicht fehlen. Und weil er es tat, nicht im Ton des Pharisäers, sondern mit jener sympathischen Milde und Güte, die niemals richten, sondern immer nur voranleuchten und emporheben möchte, so machte es auch Eindruck. Es kam ein anderer Geist in die Leute. Sie sahen nun, dass Christentum mehr ist als eine bloße kirchliche Form, dass es auch zur Tat und zum Leben werden kann in einem Menschen, der es mit seinem Herzen erfasst hat. Als Zeppelin sein Regiment verließ, ließ sich eine Stimme vernehmen: „Wenn der Herr Graf geht, dann gehe ich auch!" Trotz seiner Strenge und seines soldatischen Ernstes herrschte doch in den Herzen Liebe und Begeisterung für ihn.

*Graf Zeppelin mit seinen Begleitern bei der Rückkehr aus
dem Urwald*

Der Graf zu Hause

Ich aber und mein Haus, wir wollen dem Herrn dienen.

Josua 24, 15.

Man hat gesagt: Die Arbeitsstätte sei Graf Zeppelins wahres „zu Hause", seine geistige Erfrischungsstätte gewesen. Aber dennoch müssen wir von seinem „zu Hause" im eigentlichen Sinne des Wortes reden. Und das ist der engste Kreis seiner F a m i l i e . Wohl hat er viele Jahre nur besuchsweise in ihr weilen können. Selten waren es Tage, oft nur Stunden, die er frei von aller Arbeit bei den Seinigen war. Diese Entsagung ist der Familie nicht immer leicht geworden. Aber oft hat es Zeppelin öffentlich und im kleinen Kreis ausgesprochen, dass seine Gemahlin und seine Tochter ihn in schweren Zeiten ernster und vielfach angefochtener Arbeit verstanden und liebevoll getröstet hätten. Als einflussreiche Fachleute sein Werk aufgegeben hatten, da haben die beiden heldenmütigen Frauen fest und treu zu ihm gestanden. Das soll ihnen unvergessen bleiben. Hat doch ein Fachmann in der Zeitschrift für Luftschifffahrt sich einst zu dem Satz verstiegen: „Ich bin so frei zu behaupten, dass dieses zeppelinsche Luftschiff zu nichts anderem führen wird als zu einem Riesen-Fiasko." Solche Äußerungen wurden vom Grafen und den Seinen wohl empfunden, konnten sie aber nicht irre machen.

In seinem so überaus lieblichen Familienleben war dem Grafen ein frischer Quellort geschenkt für sein nun doch in wachsendem Maße von aller Welt so bewundertes Schaffen. Ohne die Seinen mit ihrer zarten und innigen Liebe und ihrem festen Vertrauen auf sein erfolgreiches Werk hätte der Graf schwerlich sein hohes Ziel erreicht.

Im Jahre 1869 hatte sich Graf Ferdinand von Zeppelin mit der F r e i i n I s a b e l l a v o n W o l f f aus dem Hause Alt-Schwanenburg in Livland verheiratet. Er hatte sie bei Gelegenheit der Hochzeit

Gräfin I. von Zeppelin, Gemahlin des Grafen
(Nach einer Photographie)

seines Bruders Eberhard kennengelernt. Wie sehr ihm diese seine sinn-
und geistesverwandte Gattin durch nahezu 50 Jahre gemeinsamen
Pilgerlaufes das Leben bereichert und verschönert hat, soll hier nicht
näher erörtert werden. Das junge glückliche Paar sollte aber gleich zu
Anfang des Ehestandes eine harte Probe bestehen. Denn bereits im
nächsten Sommer, anno 1870, galt es für den jungen Ehemann, seine
geliebte Gattin und sein trautes Heim zu verlassen, um hinauszuzie-
hen in Feindesland. Da zeigte sich wieder die Kraft seiner Seele, die
auch dies Schwere nicht nur mit Ergebung, sondern mit Mut und Entschlossenheit trug. Dass er das Vordertreffen nicht scheute, und auch
im heißesten Kampf nur an die Ehre seines Vaterlandes dachte, haben
gerade die ersten Tage des Krieges am deutlichsten bewiesen. Schon
als Bräutigam sprach er zu seiner Braut von seinem Bestreben, mit
dem P f u n d wuchern zu wollen, das G o t t ihm gegeben. Wie sehr
er damit ernst gemacht und den guten Willen in die T a t umgesetzt
hat, zeigt sein ganzes späteres Leben, nicht am wenigsten das große
Lebenswerk, das ihm für sein Alter sollte aufgespart sein.

Auch eine andere Prüfung wurde dem jungen Ehepaar zunächst
auferlegt. Seine Ehe blieb während der ersten zehn Jahre kinderlos.
Erst nach dieser Zeit, am 28. November 1879, wurde ihm in Ulm eine
Tochter, Hella, geschenkt, die zur großen Freude ihrer Eltern heran-
wuchs. Während etlicher Jahre war sie Hofdame der Königin Charlotte von Württemberg, kehrte dann aber wieder zu ihrer leidenden
Mutter zurück.

Gräfin H e l l a verdient umso mehr hier einer Erwähnung, als sie
gerade in den entscheidenden Jahren dem Grafen bei seinem großen
Werke sich gerne hilfreich erwies. Sie ist ihm oft in der stillen Ein-
samkeit seiner ernsten Arbeit eine liebe und aufmunternde Gefährtin
gewesen; und es war ihr dabei eine Freude, wenn sie an den Arbeiten
des Vaters teilnehmen durfte. Den herrlichen Segen, ein glücklicher
Vater zu sein, durfte der Graf sein Eigen nennen. Daneben blieb aber
seiner Tochter noch Zeit zu andern „Diensten". Wie hing die K i n -
d e r w e l t an ihr! Am Ort ihres Sommersitzes war sie nicht nur Vor-
standsdame der Kleinkinderschule, sondern sie griff auch praktisch
ein und stand der Lehrerin beim Warten der Kleinen öfter hilfreich
zur Seite.

Graf Zeppelin als Bräutigam
in der Uniform der Königlichen Flügeladjutanten
(Nach einer Photographie aus dem Jahre 1869)

Im Februar 1909 verheiratete sich Gräfin Hella mit dem damaligen Oberleutnant A l e x a n d e r   v o n   B r a n d e n s t e i n . Dieser entstammt einem alten hessischen Adelsgeschlecht und ist Schlossherr seines Ahnensitzes Brandenstein an der Elm im Regierungsbezirk Kassel, das urkundlich schon 1125 erwähnt wird. Sein Vater war der württembergische General der Infanterie z. D. Gustav von Brandenstein, der 1905 starb. Seine Mutter Mathilde war eine geborene von Siebold. Bei der Hochzeit, an der auch die württembergischen Majestäten teilnahmen, wurde der junge Ehemann vom König in den Grafenstand erhoben mit der besonderen Bestimmung, dass er nun fortan seinem Namen Brandenstein denjenigen Zeppelins beifügen dürfte und dass der erstgeborene Sohn aus dieser Ehe den Namen Graf Brandenstein-Zeppelin führen solle. Dem jungen Paare wurden zuerst zwei Töchter und ein Sohn geschenkt. Die Freude war groß, besonders auch für den Großvater, der nun doch auf diese Weise noch in seinen alten Tagen einen Stammhalter erhielt. Später folgten noch ein Sohn und eine Tochter. Das deutsche Volk nahm damals regen Anteil an dem jungen Glück. Es interessierte sich aufs Lebhafteste für alles, was die Persönlichkeit und die Familie seines Nationalhelden betraf. Es schloss, ganz besonders seit dem Tage von Echterdingen, auch die T o c h t e r des Grafen ins Herz und begleitete sie mit den wärmsten Segenswünschen.

Neben allerlei Freuden in glücklichen Jahren fehlte es dem gräflichen Ehepaar an ernsten Heimsuchungen nicht. Dazu gehören nicht nur Krankheiten und Sterbefälle in den beiderseitigen Familien, sondern auch andere tiefgehende Ereignisse, wie z.B. die R e v o l u t i o n   i n   d e r   b a l t i s c h e n   H e i m a t der Gattin, wobei das herrliche väterliche Schloss mit den vielen Erinnerungen aus der Jugendzeit den Mordbrennern zum Opfer fiel. Welch eine wehmütige Freude war es damals für die Schwergeprüfte, das ihr gerade vor der Revolution eine alte, vielgebrauchte Familienbibel zugesandt worden war, auf deren ersten Blättern sie die Glaubensbekenntnisse ihrer Väter in herzlichen Worten ausgesprochen fand. Von Herzen schloss sie sich diesen Bekenntnissen aus eigener Glaubensüberzeugung an und bewies gerade in jenen Tagen herber irdischer Verluste ein lebendiges Gottvertrauen. Sie schrieb mir damals: „Ja, Gott hat meinem Vaterland eine schwere, ernste Prüfungszeit auferlegt. Gottes Gedanken sind höher denn unsere Gedanken; aber mein Glaube bleibt fest und unerschütterlich. Er wird die Seinen nicht verlassen und wieder seine Gnadensonne scheinen lassen."

Unvergesslich bleiben mir manche Augenblicke, die ich an ihrem Leidenslager zubringen durfte; insbesondere die ernste Stunde, da sie mir nach den traurigen Ereignissen in ihrem Heimatland jene Bibel zeigte. Unvergesslich bleibt mir auch ihr Ringen, sich in Gottes Rat zu fassen, als ich am Tage nach dem Begräbnis ihres Mannes sie in Stuttgart besuchte. Es ist etwas Großes, wenn in solch herben Trauerstunden echte Christenmenschen ihre Seele stillen in dem heiligen Willen Gottes.

Wenden wir uns nun aber der H ä u s l i c h k e i t des Grafen noch etwas näher zu. Während seiner Berliner Zeit war sein gastliches Haus an der Voßstraße durch die freundliche Güte und die vornehme Geselligkeit seiner Bewohner vielen der ersten Kreise Berlins besonders lieb. Es war das die Zeit des zweimaligen Thronwechsels (1888). Als Zeppelin aus der Armee schied, nahm er seinen Wohnsitz in S t u t t g a r t . Dort bewohnte er mit seiner Familie zunächst das Haus Keplerstraße 19, dann Herdweg 66, ein ebenso vornehmes wie gemütliches Heim. Den Sommer hingegen verbrachte er regelmäßig auf dem schöngelegenen Landsitz G i r s b e r g in dem Schweizerdorf Emmishofen, von dem schon früher die Rede war. Der „Girsberg" hat eine alte Geschichte. Schon im Jahre 1300 wird er als adeliger Sitz in Urkunden genannt. Seine Besitzer haben oft gewechselt. Zu ihnen gehörten im Laufe des Jahrhunderts z.B. auch die durch die Konstanzer Reformationsgeschichte bekannt gewordene Familie Blarer und der Kaiser Rudolf II.

An dieser Stätte seiner Kindheit weilte der Graf besonders gern. Wenn er die ganze Woche in Friedrichshafen-Manzell in einem vielgestaltigen Getriebe war, dann flüchtete er sich wohl über den Sonntag in sein idyllisches Landgut und genoss im Kreise seiner Lieben die wohltuende Stille. Und wie froh und dankbar ward er dort willkommen geheißen, nicht nur von seinen Allernächsten, sondern von seiner ganzen Umgebung! Es war wohl auf dem ganzen Hofe kein Einziger, dessen Herz dem Grafen nicht in Liebe und dankbarer Anhäng-

Gräfin Hella Brandenstein-Zeppelin, Tochter des Grafen
(Nach einem Gemälde von Michaelis, München)

lichkeit entgegenschlug. Der Vielbeschäftigte fand immer noch Zeit für alles, was Haus und Hof anging. Auch für das Kleinste hatte er ein Auge, und mit liebender Fürsorge bekümmerte er sich um die verschiedensten Anliegen, die ihm vorgebracht wurden.

Zu seinem „Heim" gehörten aber auch seine G ä s t e . Die Zeppelins führten ein gastfreies Haus. Besonders früher, als die Gesundheit der verehrten Hausfrau dies noch gestattete, weilten im Sommer oft viele Gäste aus Girsberg. Denn die lieben Gastgeber handelten nach dem Apostelwort: „Seid gastfrei untereinander ohne Murmeln." Und zu den Logiergästen kamen aus der näheren und weiteren Umgebung bei mancherlei Gelegenheiten die Tischgäste. Das Fremdenbuch des Hauses weist allerlei bekannte Namen aus der Umgebung des Bodensees auf. Unter den dem Hause des Grafen verwandten Familien seien außer den beiden nächsten Familien Zeppelin und Wolff die Genfer Namen Faesch und Necker genannt, Nachkommen der bekannten französischen Staatsmänner. Aber es waren auch e i n f a - c h e r e Gäste, die im Heim des Grafen mit der gleichen Liebenswürdigkeit und Herzlichkeit aufgenommen wurden. Es herrschte kein steifer Zwang, sondern jene echte Vornehmheit, die eine wohltuende Gemütlichkeit keineswegs ausschließt. Man merkte es bald, den Gastgebern war es eine Freude, andern zu dienen und sie zu erfreuen. Und das machte den Aufenthalt in ihrem Hause so überaus angenehm.

Gerne zog sich der Graf gerade nach offiziellen Festlichkeiten, deren es ja in seinem Leben so manche gab, in den stillen Kreis seiner Familie und etlicher wirklich vertrauter Freunde zurück. Da war ihm wohl. Ein warmes, herzliches Wort und eine schlichte, ungezwungene Unterhaltung war ihm Bedürfnis. Nicht gefeiert wollte er sein, sondern geliebt und erquickt. Und davon war er überzeugt, wenn er einmal wieder „Gast" in seinem lieben Heim war.

Der Verfasser darf hier vielleicht noch einmal eine persönliche Erinnerung einflechten, die den b e h a g l i c h e n H u m o r des Grafen kennzeichnet: Es war nach den großen Erfolgen des Jahres 1908, als ich eines Mittags mit D r . E c k e n e r Gast an Zeppelins Mittagstafel sein durfte. Bei Tisch schaute der Graf abwechselnd auf Dr. Eckener und auf mich mit freundlich-ernster Miene. Man wusste zuerst noch nicht, worauf er hinauswollte. Endlich sagte er: „Da sitzen nun die beiden Herren vor mir, die mich bei lebendigem Leibe sezieren wollten!" Wir verstanden natürlich sofort. Er meinte, dass wir beide bei seinen Lebzeiten über ihn geschrieben hatten. Es war nicht bös gemeint vom lieben Grafen.

Graf Zeppelin mit Gemahlin und Tochter in Saarburg
(Nach einer Photographie aus dem Jahre 1890)

Die Geschwister des Grafen

„Siehe, wie fein und lieblich es ist, wenn
Brüder einträchtig beieinander wohnen."

Psalter.

Als das Luftschiff im Oktober 1906 seine wohlgelungenen Probefahrten auf dem Bodensee machte, flog es an einem Nachmittag nahe bei dem Zimmer eines Schwerkranken in Konstanz vorüber, dem durch dieses herrliche, wohlgelungene Schauspiel
eine letzte irdische Freude zuteil ward. Wenige Tage darauf, am 30.
Oktober 1906, hatte er ausgelitten. Es war Dr. E b e r h a r d   G r a f
v o n   Z e p p e l i n , der e i n z i g e   B r u d e r des Grafen, dessen
schon bei der „Jugendzeit" flüchtige Erwähnung geschah.

Auch er ist in weiten Kreisen bekannt geworden, und zwar durch
seine hervorragenden Verdienste um die Gründung und Leitung des
Vereins für G e s c h i c h t e   d e s   B o d e n s e e s und seiner Umgebung. Wie sein älterer Bruder war er auf der Insel zu Konstanz geboren, am 22. Mai 1842. Mit scharfem Verstande begabt, erwarb er sich
leicht umfassendes Wissen auf dem Gymnasium zu Stuttgart und
auf den Hochschulen zu Tübingen und Berlin. Seine Laufbahn im
Staatsdienst begann er beim Landgericht in Esslingen, er kam dann
ins Ministerium der auswärtigen Angelegenheiten nach Stuttgart, von
wo er als Geschäftsträger nach Wien und Florenz gesandt wurde. Der
Aufenthalt in Florenz entwickelte besonders in ihm ein feinfühlendes
Verständnis für K u n s t . Im Jahre 1871 nahm er seine Verabschie-
dung aus dem Staatsdienst. Im Feldzug gegen Frankreich war ihm
die schwierige Aufgabe zugefallen, eine Aufklärungs- und Verschleie-
rungstruppenabteilung im oberen Schwarzwald als Zivilkommissar zu
begleiten, was er mit hervorragendem Geschick durchführte. Im späteren Verlauf des Krieges führte er in seiner Eigenschaft als Ritter des
Johanniterordens zweimal Sanitätszüge bis vor Metz und Paris.

Nachher ließ er sich mit seiner Familie auf E b e r s b e r g in Emmishofen nieder, dem Nachbargut seines Bruders. Somit waren fortan die beiden Brüder im Sommer nahe beieinander und pflegten mit ihren beiderseitigen Familien einen regen Verkehr. Graf Eberhard stellte nun seine ausdauernde Schaffenskraft ganz in den Dienst der W i s s e n s c h a f t e n und seiner Heimatgegend am Bodensee, insbesondere seiner Geburtsstadt Konstanz. Von zahlreichen wissenschaftlichen Gesellschaften des In- und Auslandes war er Mitglied. Die Universität T ü b i n g e n anerkannte seine bedeutenden Leistungen und ernannte ihn zum E h r e n d o k t o r.

Er war verheiratet mit Freiin Sonnia von Wolff-Stomersee[5] aus Livland. Von seinen vier Söhnen starb einer im Burenkrieg den Heldentod als Hauptmann. Ein anderer wurde als Diplom-Ingenieur der Gehilfe seines Onkels in Friedrichshafen.

Nach langen, mit großer Geduld ertragenen Leiden starb dieser Bruder unseres Grafen. Er hatte sich offenbar das Wort Kaiser Friedrichs auch zum Wahlspruch gemacht: „L e r n e l e i d e n , o h n e z u k l a g e n .“ Auf dem Konstanzer Friedhof haben wir ihn in den ersten Novembertagen 1906 zu Grabe bestattet. Auf der „Insel“, in dem für Zeppelins historisch so bedeutsamen Hause, habe ich ihm die Leichenrede gehalten.

Reden wir aber vom Bruder des Grafen, so soll auch seine S c h w e s t e r E u g e n i e wenigstens in Kürze erwähnt werden. Wir lernten sie schon in seiner Jugendgeschichte als seine treue Lern- und Spielgefährtin kennen. Nun, dieses schöne Liebesbund ist durch ein langes Leben hindurch, das jedem seine besonderen Aufgaben und Pflichten zuwies, nicht gelockert worden. Es hat sich auf die beiderseitigen Familien übertragen. Gräfin Eugenie von Zeppelin verheiratete sich mit dem württembergischen Freiherrn W i l h e l m v o n G e m m i n g e n - G u t t e n b e r g , Dr., D., Exzellenz, dem langjährigen Präsidenten des württembergischen evangelischen Konsistoriums und Mitglied der württembergischen Zweiten Kammer.

---

5 Anm. des Verlags: Im deutschsprachigen Raum ist Sonnia von Wolff-Stomersee unter Sophie von Wolf-Stomersee bekannt. Sonnia (bzw. Sonja) ist die russische Namensvariante der gebürtigen St.-Petersburgerin.

Ihre glückliche Ehe wurde mit drei Kindern gesegnet, zwei Söhnen und einer Tochter. Da sie in Stuttgart wohnte, so war der Verkehr zwischen den Geschwisterhäusern ein reger. Aber es zog sie auch oft zur alten Heimat, ihrem lieben Bodensee, hin. Und wenn im gräflichen Hause ein Festtag war, dann durfte des Grafen Schwester dabei nicht fehlen, sie, die durch Jahrzehnte hindurch so gern Freud und Leid mit ihm getragen und mit liebendem Interesse seiner wachsenden Erfolge sich gefreut hatte. Sie ist dann im Jahre 1911 heimgegangen und hat ihren Nachkommen und ihren zahlreichen Bekannten das Vorbild einer echten, im Leiden bewährten Christin hinterlassen.

Wie manche liebe Erinnerung knüpft den Verfasser auch an sie, die ihm und seiner seligen Gattin durch Jahre hindurch wie eine mütterliche Freundin war und durch ihre liebevolle und fröhliche Art einen tiefen Eindruck machte. Schön war die so harmonisch verlaufene Feier des 80. Geburtstages ihres Gatten am Bodensee, bei der auch der Graf zugegen war. Ein liebes Andenken bewahre ich mir, das sie mir zu Weihnachten 1899 übersandte, ein „Rogate"-Büchlein, das etwas vom Besten ist, was die evangelische Erbauungsliteratur geboten hat und das zugleich ein Ausdruck der wahrhaft frommen Gesinnung der selig entschlafenen Baronin ist.

Graf Ferdinand von Zeppelin
(Nach einer Photographie 1908)

Das lenkbare Lastschiff

Dieu défend le droit.

Der Gedanke eines lenkbaren Luftschiffes war bei dem Grafen Zeppelin nicht neu. Er hat ihn fast sein ganzes langes Leben hindurch beschäftigt. Schon im nordamerikanischen Sezessionskriege, noch mehr im Deutsch-Französischen Kriege, lag er ihm im Sinn. Als er im November 1870 vor Villiers im Zernierungsgürtel[6] vor Paris sein Quartier hatte, erkannte er, welche Vorzüge Paris durch die stete Verbindung mit der Provinz habe durch die oft über die Köpfe dahin schwebenden Ballons; dass aber der volle Nutzen dieser Verbindung erst durch l e n k b a r e Ballons erreicht werden könne, die dann auch Nachrichten von außen in die belagerte Hauptstadt bringen könnten.

Aber greifbare Gestalt gewann dieser Gedanke doch erst, als der Graf sich im Jahre 1891 von seinem militärischen Dienst zurückzog. Nun konnte er sich mit voller Hingabe der Lösung seines Flugproblems widmen. Im Geiste war der Plan für seinen Ballon schon damals in Umrissen festgelegt, er bedurfte nur noch der genaueren Durcharbeitung. 1894 war der Entwurf vollendet. Zeppelin legte ihn einer vom Kaiser berufenen Kommission von Sachverständigen vor. Diese Kommission sprach sich zwar anerkennend aus, bezweifelte jedoch den praktischen Erfolg.

Unermüdlich dachte und arbeitete er weiter. Der mutige Reitergeneral bewies nun auch in einem jahrelangen geistigen Kampf seine Tatkraft und Entschlossenheit. Wie viel hatte er mit den Vorurteilen und der Unwissenheit der Menschen zu kämpfen! Denn damals war man in den Fragen der Luftschifffahrt noch weit zurück; das Inter-

---

6   Anm. des Verlags: Zernierung meint die Umzingelung eines Ortes durch Truppen. Sie geht in der Regel einer Belagerung voraus.

esse, das später durch verschiedene Proben, ganz besonders durch die zeppelinschen, geweckt wurde, war noch nicht vorhanden.

Es war im Jahre 1894, als Zeppelin mit dem schon mehrfach zitierten Vetter Generalleutnant E. von Zepelin in Berlin zusammentraf. Dieser hatte gerade in den „Lebenserinnerungen" von Ernst von Siemens gelesen, dass diesem bekannten Techniker die Konstruktion des Luftschiffes deshalb aussichtslos erscheine, weil die Technik die Mittel nicht dazu besitze. E. von Zepelin sagte das dem Grafen. Lächelnd erwiderte dieser: „Das habe ich auch gelesen, wie wohl alles, was sich auf mein Problem bezieht und in neuerer Zeit geschrieben ist. Es darf mich dies aber nicht stutzig machen; denn für mich tritt naturgemäß niemand ein, weil keiner den Sprung ins Dunkle wagen will. Aber mein Ziel ist mir klar, und meine Berechnungen sind richtig!" Auch die folgende Mitteilung aus der Feder des Wiener Schauspielers Dr. Tyrolt ist charakteristisch für jene Zeit des Hangens und Bangens: „Als ich im Jahre 1899 am Hoftheater zu Stuttgart ein Gastspiel absolvierte, saß ich an der gemeinsamen Mittagstafel im Hotel Marquardt. In einer Ecke des Speisesaales fiel mir ein äußerst lebhafter alter Herr auf, der mehreren Offizieren etwas zu demonstrieren schien. Ich fragte meinen Tischnachbar, ob er den Herrn kenne. Darauf antwortete mir der biedere Schwabe, indem er mir im Tone gutmütigen Bedauerns zuflüsterte: „Dös ischt e Narr – ein Graf Zeppelin! Der guate Mann moint, er könnt durch d'Luft fahre!"

Auf Betreiben des Grafen wurde dann im Mai des Jahres 1898 die Aktiengesellschaft zur Förderung der Luftschifffahrt mit einem Grundkapital von 800 000 Mark gegründet. Sie ermöglichte den Bau des ersten Luftschiffes nach dem System Zeppelins, löste sich aber nach drei Jahren wieder auf. Endlich im Jahre 1900 war das erste Modell vollendet. In der auf Pontons im Bodensee errichteten Montierungshalle war es fertiggestellt worden, und am 2. Juli dieses Jahres fand der erste Aufstieg statt.

Ehe der Graf das Luftschiff bestieg, sprach er im Kreise seiner Leute auf dem Floß im Bodensee laut ein kurzes Gebet. Er war sich des großen Augenblicks wohl bewusst. Und er wollte es auch vor andern bekennen, was in seinem Herzen lebte, dass er nämlich ohne

Gottes Hilfe nicht so weit gekommen wäre und ohne Gottes Hilfe nicht zur Vollendung seines Werkes kommen könnte.

Der erste Aufstieg des Luftschiffes war ein erhabenes Schauspiel. Tausende und Abertausende warteten an den Ufern des Bodensees auf das Wunder in den Lüften.

Endlich war es wirklich zu sehen. In einer Höhe von 400 Metern wurden innerhalb 17 Minuten sechs Kilometer zurückgelegt. Bei Immenstaad landete man. Im Oktober kam es zu weiteren Probefahrten. Bei der dritten Fahrt, am 21. Oktober, konnte das Luftschiff zum ersten Mal zu seinem Ausgangsort zurückkehren. Das Problem war damit also bereits gelöst.

Graf Zeppelin hielt im Januar 1901 in der Deutschen Kolonialgesellschaft im Saale der Philharmonie zu Berlin einen Vortrag über sein Werk.

Bei dieser Gelegenheit überreichte ihm der Chef des Militärkabinetts, General von Hahnke, ein k a i s e r l i c h e s   K a b i n e t t - s c h r e i b e n und den R o t e n   A d l e r o r d e n erster Klasse.

Der Inhalt des Schreibens war:

„Nachdem Mir über die Aufstiege mit dem von Ihnen erfundenen Lastschiff berichtet worden ist, gereicht es Mir zur Freude, Ihnen Meine Anerkennung für die Ausdauer und Mühen auszusprechen, mit denen Sie trotz mannigfacher Hindernisse die selbst gestellte Aufgabe erfolgreich durchgeführt haben. Die Vorzüge Ihres Systems – Teilung der langgestreckten Ballons in Kammern, gleichmäßige Verteilung der Last durch zwei getrennte Arbeitsmaschinen, ein in vertikaler Richtung zum ersten Male erfolgreich tätiges Steuer – haben Ihrem Luftschiff die bisher größte Eigengeschwindigkeit sowie Steuerbarkeit verliehen. Die erreichten Resultate bedeuten einen epochemachenden Fortschritt in der Konstruktion von Luftschiffen und haben eine wertvolle Grundlage für weitere Versuche mit dem vorhandenen Material geschaffen. Solchen Versuchen will Ich meine Anerkennung dadurch gewähren, dass Ihnen der Rat und die Erfahrung der Luftschifferabteilung jederzeit zur Verfügung stehen soll. Ich habe daher befohlen, dass die Luftschifferabteilung, so oft es nützlich sein sollte, einen Offizier zu Ihren weiteren Versuchen zu

entsenden hat. Um Ihnen aber auch äußerlich einen Beweis Meiner
Anerkennung zu geben, verleihe Ich Ihnen hiermit den Roten Adler-
orden erster Klasse.

Neues Palais, den 15. Januar 1901.

Wilhelm I. R."

Trotz dieses huldvollen kaiserlichen Schreibens und trotz der vor aller
Welt dargelegten Beweise von der Trefflichkeit seines Systems gelang
es dem Grafen lange Zeit nicht, die nötigen Geldmittel zu finden. Die
Unterstützung lief nicht in dem Maße ein, wie er es für seine gemein-
nützige Arbeit bedurft hätte. Das gab schwere Stunden, konnte aber
seinen Mut und sein Gottvertrauen nicht lähmen. Er versuchte neue
Wege. Im Oktober 1903 veröffentlichte er seinen „Notruf zur Rettung
der Luftschifffahrt". Hierin legte er die Vorzüge seines Systems dar
und schilderte die kritische Lage seines Unternehmens. Eine Lotterie
brachte ihm Unterstützung; auch andere Hilfsquellen öffneten sich.
Nun wurde das zweite Modell gebaut. Leider fand es am 17. Januar
1906 durch einen heftigen Sturmwind sein Ende. Noch im gleichen
Jahre schritt Zeppelin zur Anfertigung des Modells Nr. 3. Am 9. Oktober machte er damit eine zweistündige Fahrt und konnte ungehindert
an der Auffahrtsstelle landen. Das war ein großer Erfolg. Jedermann
gönnte ihm die Auszeichnung, die er erhielt. Der Graf wurde von der
Technischen Hochschule zu Dresden mit der Würde eines D o k t o r -
I n g e n i e u r s bedacht
    Nun kam auch endlich die längst ersehnte Unterstützung durch
das Deutsche Reich. Die neue schwimmende Ballonhalle bei Manzell
wurde auf Reichskosten erbaut und am 27. September 1907 feierlich
vom Reiche übernommen. Auch trug das Modell Nr. 3 als erstes für
das Reich bestimmtes Luftschiff die offizielle Bezeichnung „Z.1". Es
kam nun zu einer Reihe erfolgreicher Aufstiege im September 1907.
Auch eine achtstündige Fahrt landeinwärts in der Richtung gegen
Ravensburg und in einer Flughöhe von 600–900 Metern wurde
gemacht. Am 8. Oktober erfolgte eine Paradefahrt vor dem K ö n i g
v o n W ü r t t e m b e r g , d e m d e u t s c h e n K r o n p r i n z e n
und dem E r z h e r z o g L e o p o l d S a l v a t o r von Österreich.

Die Stadt Friedrichshafen verlieh dem Grafen das Ehrenbürgerrecht und das 50-jährige Militärdienstjubiläum gab Veranlassung zu weiteren Ehren und vielen Glückwünschen nach so erstaunlichen Erfolgen. König Wilhelm von Württemberg verlieh seinem treuen Diener das Großkreuz des Militärverdienstordens und schrieb dazu folgenden Brief:

„Schloss Friedrichshafen, den 20. Oktober 1907.

Mein lieber General der Kavallerie und General à la suite

Dr. Ing. Graf von Zeppelin!

Es ist Mir eine besondere Freude, Ihnen zum 21. Oktober, dem Tage, an welchem Sie vor 50 Jahren Ihre arbeits- und verdienstreiche militärische Dienstlaufbahn begonnen, Meine aufrichtigen und herzlichen Glückwünsche auszusprechen.

Ich gedenke dabei in Dankbarkeit alles dessen, was Sie in Ihrem militärischen Leben in Krieg und Frieden geleistet und auf das Sie an diesem Tage mit gerechter Befriedigung zurückblicken werden; Ich gedenke aber auch der unermüdlichem zähen, opfervollen Arbeit, welche Sie auf die geniale Schöpfung eines Luftschiffes verwendet, und welche Sie nun – wie Ich hoffe, zum Nutzen und Segen der Armee und des deutschen Vaterlandes – trotz aller Hindernisse und Schwierigkeiten zum Ende geführt haben.

Die Anerkennung dieser Ihrer Leistung will Ich Ihnen dadurch bekunden, dass Ich Ihnen das Großkreuz Meines Militärverdienstordens, dessen Insignien beifolgen, verleihe.

Mögen Ihnen noch viele Jahre jugendlicher Frische und Gesundheit beschieden sein, um die Früchte Ihres bedeutungsvollen Werkes reifen zu sehen und genießen zu können.

Mit diesem Wunsche und der Versicherung Meiner wohlgeneigten Gesinnung verbleibe Ich, mein lieber General etc.

Ihr gnädiger König

Wilhelm."

Zeppelins Luftschiff (III) über dem Bodensee
Im Hintergrunde: Friedrichshafen
(Nach einer Photographie von L. Schaller, Stuttgart)

Es mag hier gleich beigefügt werden, dass im Sommer 1908 beide württembergische Majestäten eine Fahrt im Luftschiff mitmachten. Zuerst stieg der König ein und nach einer kleinen Rundfahrt wurde auch die Königin auf ihren Wunsch hin aufgenommen. Beide Majestäten waren entzückt von dem herrlichen Aufenthalt in den Lüften.

Im Herbst 1907 erbaute nun der Graf sein viertes Luftschiff, und zwar nach dem System der drei übrigen. Nur war es größer und hatte Verbesserungen an den Steuern erhalten.

Nach diesem mehr geschichtlichen Überblick wenden wir uns nun noch zur Betrachtung des wunderbaren Fahrzeugs, und zwar bleiben wir bei dem Wortlaut der ersten Auflage dieses Buches, ohne die damals gebrauchte „Gegenwart" in die „Vergangenheit" zu übertragen:

„Eine R i e s e n z i g a r r e hat man das Schiff seiner Form wegen wohl genannt. Noch eher könnte man es einen Riesenfisch nennen. Sind doch seine Steuereinrichtungen den Rücken-, Schwanz- und Seitenflossen eines Fisches sehr ähnlich. Die Länge des Luftschiffes beträgt 136 Meter und der mittlere Durchmesser 13 Meter. Das Gerippe ist ein solides, sinnreich konstruiertes Gerüst aus Aluminium, das mit Stahldrähten verspannt ist. In das Gerüst ist der Ballonkörper eingebaut. Und zwar sind es 17 einzelne Ballons, die hier eingebettet sind. Diese Einteilung in einzelne Ballonteile ist deswegen gewählt, damit nicht der ganze Gasinhalt verloren gehen kann, wenn das Luftschiff einmal an einer Stelle ein Loch bekommen sollte. Eine Hülle aus Pergamoid bedeckt das Gerüst und die Ballons, und darüber ist noch eine Hülle von feinem weißem Baumwollstoff, die gar schön im Sonnenschein glänzt, wenn das Schiff so glatt durch die Lüfte fährt. So ist eine treffliche Dichtigkeit gegen Gasverlust und Nässe erreicht, auch eine Unempfindlichkeit gegen Temperaturwechsel. Die Füllung der Gaszellen geschieht durch Wasserstoffgas. Dieses wird in Stahlbehältern von den Fabriken zur Halle befördert. Bei der Füllung strömt das Gas in die gefalteten Ballonzellen ein, und diese füllen den Hohlraum des Tragkörpers nach vollzogener Füllung vollkommen aus. Jeder Ballon fasst rund 650 Kubikmeter Gas, das Ganze etwa 11 000. An den Gashüllen sind Ventile angebracht, durch welche das Gas herausgelassen werden kann. Vorne sind zu beiden Seiten des Schiffes die H ö h e n s t e u e r, mit denen man das Fahrzeug nach Belieben aufwärts oder abwärts lenken kann. Sie bestehen aus je vier übereinanderliegenden Rahmen, die mit Stoff überzogen sind.

Zur Vorwärtsbewegung des Luftschiffes dienen die P r o p e l l e r -
s c h r a u b e n , von denen je zwei auf jeder Seite sind. Es sind dies dreiflügelige Schrauben von einem Durchmesser von je 2,2 Meter. Sie drehen sich mit einer Geschwindigkeit bis zu 800 Touren in der Minute und erzeugen einen starken Luftdruck und ein heftiges Surren.

Zwei G o n d e l n sind unten am Ballon angebracht, aus Aluminium verfertigt und durch ein festes Gestänge mit dem Tragkörper verbunden. Sie sind mit allerlei Instrumenten, z.B. Kompass, Thermometer, Barometer usw. ausgestattet. In jeder dieser Gondeln ist ein vierzylindriger Daimlermotor von je 105 effektiven Pferdestärken. Dem Kiel entlang ist ein schmaler L a u f g a n g angebracht, der von vorn bis hinten des langen Flugschiffes geht und es ermöglicht, dass man während der Fahrt überall hingehen kann. Auch eine Art Laufgewicht ist vorhanden, ein kleiner Wagen, der mit Reservematerial als Ballast beladen ist. Dieser lässt sich auf der Laufbrücke hin- und herschieben, um bei den Bewegungen Gewichtsausgleichungen herbeizuführen. In der Mitte der Laufbrücke befindet sich eine Kabine von acht Meter Länge und zwei Meter Breite. Sie ist bequem eingerichtet und kann auch als Schlafzimmer benützt werden. Die Fenster sind aus Marienglas, auch der Boden ist teilweise durchsichtig. Von hier aus geht ein Schacht mit einer Treppe durch das Luftschiff hinauf, sodass man also auch auf die Oberfläche des Schiffes kommen kann, um dort seine Beobachtungen am Himmelszelt zu machen. Oben ist eine Plattform, doch so tief, dass man nur mit dem Oberkörper außerhalb des Luftschiffes ist.

Die Tragfähigkeit des zeppelinschen Luftschiffes ist insgesamt 15 000 Kilogramm. Ein Fachmann hat ausgerechnet, dass es technisch möglich sei, ein Luftschiff zu bauen, das Lasten im Gewicht von 250 000 Kilogramm befördern könne. Ein solcher Ballon müsse eine Länge von 400 Meter und einen Durchmesser von 50 Meter haben.

Die Fahrgeschwindigkeit des zeppelinschen Luftschiffes ist 50 Kilometer in der Stunde. Es vermag sich mit zwölf bis 16 Personen etwa vier Tage in der Luft zu halten und dabei kann es 4 800 Kilometer zurücklegen So könnte es z.B. bei günstigen Verhältnissen in etwa 30

Zeppelins Luftschiff (IV) über dem Bodensee
(Nach einer Photographie von Ed. Schwarz, Friedrichshafen)

Stunden von Berlin nach Petersburg, in etwa 60 Stunden von Berlin nach Alexandrien fahren. Zur Fahrt von der deutschen Reichshauptstadt nach Neuhork oder nach Bombay brauchte es fünf bis sechs Tage. Es kann durch das Luftschiff auch eine Verbindung zwischen den ost- und westafrikanischen Kolonien hergestellt werden; denn der afrikanische Urwald stört die Luftschiffe nicht, sie segeln kühn darüber hin. Welch eine bedeutende Errungenschaft ist dies für alle Gebiete unseres modernen Kulturlebens!"

An der 49. Hauptversammlung des Vereins Deutscher Ingenieure in Dresden im Juni 1908 sprach G r a f   v o n   Z e p p e l i n unter großem Beifall über l e n k b a r e   L u f t s c h i f f e . Er wies zuerst auf die Tatsache hin, dass der Widerstand einer bewegten und auf diese Weise ausgeströmten Fläche nicht im gleichen Verhältnis mit der Flächengröße wachse, dass vielmehr die bewegten Flächen einen Druck erleiden, welcher mit der Zunahme der Flächengrößen in immer rascher abnehmendem Verhältnis wächst. Dann entwickelte er die Idee, die ihn zur Annahme seines s t a r r e n Systems geführt hatte. Eine starre, zylindrische, die Gaszellen enthaltende Röhre, welche eine Gondel mit Motor tragen soll, kann natürlich nicht eine bestimmte Länge überschreiten, ohne dass die Auftriebsverhältnisse zu ungünstig werden. Nichts aber hindert, mehrere solcher Röhren mit darunter befindlichen Gondeln aneinanderzusetzen. Man gelangt so zu der Möglichkeit, Luftschiffe von bestimmtem Querschnitt und fast unbegrenzter Länge zu bauen, wobei der Vorteil gewonnen wird, dass das Fahrzeug mehrere Motoren enthält, ein Umstand, der die B e t r i e b s s i c h e r - h e i t bedeutend erhöht. Die starre zylindrische Röhre weist aber noch andere Vorteile auf, nämlich die für die Steuerfähigkeit nötige Erhaltung seiner äußeren Gestalt. Ein starres Luftschiff muss nämlich einen bestimmten Grad von Festigkeit haben, um alle zu erwartenden Beanspruchungen aushalten zu können. Die während der Fahrt in die Luft eintretenden Drucke und Spannungen sind verhältnismäßig gering und hängen nur von der Eigenbewegung des Fahrzeuges ab, da S t ü r m e   u n d   W i n d e , wie von Laien noch vielfach gemeint wird, mit ihrer Kraft n i c h t   i n   B e t r a c h t   k o m m e n . Das Luftschiff bewegt sich mit denselben Beanspruchungen in der bewegten Atmosphäre wie in der ruhenden. Dagegen sind die Kräfte, die beim

Landen durch relative Bewegung der Atmosphäre zur Erdoberfläche entstehen, wohl ins Auge zu fassen. Er schilderte eingehend die Leistungen der Luftschiffe beim Niedergehen auf den Bodensee und die Einrichtungen, die sich hierbei für das Niedergehen auf festem Boden als notwendig herausgestellt haben. Die Propeller, die beim zeppelinschen Luftschiff gebraucht wurden, zeichnen sich durch verhältnismäßig geringe Größe aus. Schnelldrehende k l e i n e Schrauben wirken g ü n s t i g e r als große langsam gehende. Ein Hauptvorzug des starren Systems ist der, dass die Propeller in der richtigen Höhe, das heißt in der Höhe des Widerstandsmittelpunkts angebracht werden können, was bei den unstarren Systemen nicht der Fall ist. Obwohl die starren Lastschiffe sich bereits einer großen Stabilität erfreuen, ist es doch noch angebracht, sie mit sogenannten Stabilitätsflossen zu versehen. Nachdem der Redner dann die Eigenschaften des bei dem Bau verwendeten Aluminiums und der benutzten Profile besprochen hatte und die Dichtigkeit seiner Gashüllen, die so gut wären, dass in 24 Stunden nur ein Auftriebsverlust von etwa 22 Kilogramm eintritt, wurde eingehend über die bisher benutzten Daimlermotoren berichtet. Mit Benutzung von Zahlen wies Zeppelin die überraschende Tatsache nach, dass für Luftschiffe verhältnismäßig schwere Motoren mit geringem Benzinverbrauch günstiger sind als leichtere von gleicher Stärke. Ein Luftschiff mit genügend großer Geschwindigkeit, etwa 13 bis 14 Meter in der Sekunde, das vermöge seines Benzinverbrauchs eine lange Fahrzeit habe, ist eben mehr wert als ein schnelleres Schiff mit geringerer Fahrzeit.

Die folgenden Auseinandersetzungen beschäftigen sich mit den Steuern des Luftschiffes. Eingehend wurden die vielen Erfahrungen besprochen, welche man bei der Seitensteuerung durch Verlegung und Vergrößerung dieser Steuer gewonnen hat. Dann wurde auf die hohe Bedeutung der Höhensteuer für die Fahrt und die Leistung hingewiesen. Graf Zeppelin besprach weiter die Geschwindigkeit der von ihm erbauten Luftschiffe und der Lastschiffe überhaupt. Es wurden die verschiedenen Methoden der Geschwindigkeitsmessung geschildert und als beste diejenige hingestellt, dieselbe Wegstrecke hin und her bei möglichster Windstille mehrere Male zu überfliegen und aus den ermittelten Geschwindigkeiten das Mittel zu nehmen. Auf diese Weise wurden für das ältere Luftschiff etwa 50 Stundenkilometer ermittelt. Nachdem Redner darauf aufmerksam gemacht hatten, dass möglicherweise einzelne Luftschiffe unstarrer Systeme größere Geschwindigkeiten entwickeln könnten, oder auch größere Fahrtdauer, aber niemals beides zugleich, stellte er für diese Systeme folgende leitenden Grundsätze auf: 1. Sie können nicht in derselben Zeit den Luftraum ebenso weit durchfahren wie die ganz starren Lastschiffe; 2. Eine Beschädigung ihrer einheitlichen Gaszelle führt zum Verlust nicht nur der Tragfähigkeit, sondern noch schneller der Gestalt, welche zum Steuern unerlässlich ist; 3. Die Erhaltung der Gestalt bleibt immer abhängig von der ungestörten Wirkung der stets empfindlichsten Ballonetvorrichtungen und von dem Gang des zugehörigen Motors. Zum Schlusse wies Graf Zeppelin auf die vielen Schwierigkeiten und Hindernisse hin, die sich ihm entgegengestellt hätten, und die er durch eine seltene Zusammenstellung von glücklichen Bedingungen habe überwinden können. Es sei zu bedauern, dass mancher Erfinder, der eine die Menschheit fördernde Idee vertrete, nicht dasselbe Glück habe. Wünschenswert sei die Schaffung eines s t a a t l i c h e n   I n s t i t u t s , das die Aufgabe habe, durch Fachmänner ihm vorgelegte Anregungen und Ideen zu prüfen; er sei bereit, sich mit einer Stiftung an einem solchen Institut zu beteiligen.

Bei dieser Dresdener Versammlung erhielt der Graf übrigens eine Auszeichnung besonderer Art, nämlich die G r a s h o f - M e d a i l l e . Geheimrat Dr. S l a b y überreichte sie ihm mit etwa folgender Ansprache: „Der Vorstand, im Einverständnis mit den Inhabern der Grashof-Denkmünze, schlägt Ihnen vor, die höchste Auszeichnung, die der Verein Deutscher Ingenieure zu geben vermag, die goldene Grashof-Denkmünze dem Grafen Ferdinand v o n   Z e p p e l i n zu verleihen. Wir leben in einer großen Zeit, die man vielleicht einst gleichberechtigt jener gewaltigen gegenüberstellen wird, die in der ersten Hälfte des vorigen Jahrhunderts uns D a m p f s c h i f f   u n d L o k o m o t i v e beschert hat. Von den vier Elementen der Alten: Feuer, Wasser, Luft und Erde, sind wir im Begriff, uns als Letztes die Luft zu unterwerfen. Die Erde haben wir nach allen Richtungen hin mit eisernen Schienensträngen umgürtet, auf denen Menschen und Güter über die Erde dahinrollen, und ein Drahtnetz umspannt unsere Erdkugel, durch dessen Maschen mit blitzartiger Geschwindigkeit der elektrische Strom die Nachrichten von Ort zu Ort trägt. Auf den gewaltigen Wasserbecken unserer Meere, unserer Seen und Flüsse fahren von Wind und Wetter unabhängige Dampfschiffe und machen das unwirtliche Meer zur völkerbelebten Verkehrsstraße. Das Feuer aber haben wir in der Dampfmaschine, von deren Entstehung an ein neuer Abschnitt in der Weltgeschichte gerechnet werden kann, zu nutzbringender Arbeit im Dienste des Menschen gebändigt. Der Anfang des 20. Jahrhunderts sieht nun die E r o b e r u n g   d e r   L u f t in die Wege geleitet. Wir haben gelernt, elektrische Schwingungen zur Nachrichtenbeförderung durch das Luftmeer zu senden, und wir stehen im Begriff, die Schätze der Atmosphäre uns nutzbar zu machen. Vor allem aber wird die gesamte Kulturwelt heute durch die Aufgabe erfüllt, das uralte Sehnen der Menschheit, sich gleich dem Vogel frei in den Lüften bewegen zu können, zur Wirklichkeit werden zu lassen. Vorn in der Reihe der Kämpfer auf diesem Gebiet steht Graf Ferdinand von Zeppelin, der sich uns gleich allen andern großen Bahnbrechern auf technischem Gebiet nicht nur reich an Ideen, sondern auch von bewundernswerter Ausdauer in der Durchführung des von ihm als richtig Erkannten gezeigt hat. Seiner ersten Erfolge im ersten Jahre des 20. Jahrhunderts und seiner letzten großen Erfolge im Herbst vorigen Jahres sind wir alle Zeugen gewesen. Unmittelbar drängen sich uns die Vergleiche auf mit jenen großen Pionieren der Technik, denen wir Dampfschiff und Eisenbahn zu verdanken haben. Hat nicht Graf Zeppelin mit ebenso viel Vorurteil und Nichtverstehenkönnen der Menschen kämpfen müssen wie ein F u l t o n, ein S t e p h e n f o n, haben nicht auch seine Prophezeiungen uns wie Märchen geklungen, die nur im Kopf eines optimistischen Erfinders entstehen konnten? Wie jene großen Ingenieure aus der ersten Hälfte des vorigen Jahrhunderts hat auch Graf Zeppelin jahrzehntelange Versuchsarbeit leisten müssen, hat auch er durch das Feuer zahlreicher Misserfolge hindurch müssen, ehe ihm der wohlverdiente Erfolg, der uns alle mit Freude und Begeisterung erfüllt, beschert war. Mit der Zuversicht, die wir vom Grafen Zeppelin lernen können, wollen wir ihm und uns von ganzem Herzen wünschen, dass sein in wenigen Tagen anbrechendes 70. Lebensjahr ihm auch die Krönung seines Strebens bescheren möge, auf die er mit Sicherheit zu rechnen Grund und Ursache hat. Wir aber wollen dem Mann, der sich an der Schwelle des Greisenalters mit dem kühnen Mut eines Jünglings in den Dienst einer der größten und schwierigsten Aufgaben der Technik gestellt hat, unsere Anerkennung und Dankbarkeit aussprechen und bewahren. Ich bitte Sie also, Herr Graf, die Denkmünze und den Glückwunsch der ganzen Versammlung entgegenzunehmen."

Darauf erwiderte Graf Z e p p e l i n : „Ich finde kaum Worte, um dem mich erfüllenden Glücksgefühl und Dank Ausdruck zu geben für all die Güte, die Sie davon absehen ließ, dass mein Wissen wenig hochstehend ist, und für die mir zuteil gewordene große Ehrung."

Der Mann der Arbeit

Die W i s s e n s c h a f t führt leitend mit Bedacht
In der N a t u r geheime Wundermacht,
Und wie durch Zauber strömen neue Quellen
Lebend'ger Kraft! – Der Strom des Lebens schwellt.
Der A r b e i t Segen flutet durch die Welt.

Der Psalmist sagt in dem bekannten 90. Psalm vom Leben des Menschen: „Wenn es köstlich gewesen ist, dann ist es Mühe und Arbeit gewesen." Wir dürfen das Wort in vollem Sinn auf Zeppelin anwenden. Ein reiches Maß von Arbeit war ihm zuteil geworden. Aber er tat diese Arbeit stets mit seltener Frische und Freudigkeit. Man hatte den Eindruck, die Arbeit erhalte seine Kräfte und fördere seine Spannkraft. Wohl war auch viele Mühe damit verbunden, viel Kampf und Enttäuschung. Aber das alles konnte ihm doch nie die Arbeitsfreudigkeit lähmen. Rastlos war er immer wieder an seinem Werk von früh bis spät; und das Woche um Woche und Jahr um Jahr. Erholungsreisen standen nicht auf seinem Programm, wohl aber unzählige Reisen im Dienst seiner großen Sache. Er nahm die Nacht zur Fahrt und den Tag zur Arbeit, wo er immer konnte. Und musste er am Tag fahren, so hatte er Stoff genug bei sich. Es wurde gelesen, geschrieben, gedacht, geplant, gearbeitet auf der Eisenbahn, auf dem Dampfboot, im Wagen. Er h a t t e k e i n e Z e i t , m ü d e z u s e i n .

Wir sprachen einmal von dem „Achtstundentag". Der Graf sagte: „Damit käme ich bei Weitem nicht aus; ich wüsste nicht, wie ich meine Arbeit bewältigen sollte." Seitdem mehrten sich in seinem Tageslauf die Arbeitsstunden noch sehr. Es war am 19. Juni 1908, dem Tag, an dem die Versuche mit dem neuen Luftschiff beginnen sollten. Da war der Graf schon um 4 Uhr auf, um zu arbeiten und zur Halle nach Manzell zu fahren. Dort sollte die Füllung des Ballons erfolgen. Alle Vorbereitungen waren dazu in einer geradezu vollendeten Weise getroffen.

Es gab viel Arbeit für den Unermüdlichen den ganzen Tag durch. Und als die Mitternachtsstunde schlug und alles schon der Ruhe pflegte, da war der Arbeitstag des Grafen noch nicht zu Ende. Nun sah er noch die angekommenen Briefe und Telegramme durch; und deren Zahl war selten klein, oft aber riesengroß. Auch mussten eilige Korrespondenzen erledigt und meteorologische Beobachtungen gemacht werden. So ging die Nacht dahin. Kaum hatte er am Morgen etwas zu sich genommen, dann Gelehrte oder die Vertreter des Kriegsministeriums, des Reichsamts des Innern, der Marine und viele andere empfangen, da fuhr er wieder hinaus auf seinem Motorboot „Württemberg" nach Manzell. Um 17.30 Uhr nachmittags trafen die Gäste und die Vertreter der dem Aufstieg in amtlicher Eigenschaft beiwohnenden Behörden vor Manzell ein.

Der Graf war in der Halle des Luftschiffes beschäftigt, um die letzten Anordnungen vor der Fahrt zu treffen. Es kam aber an jenem Tage nicht zur Fahrt. Mit der ihm eigenen Ruhe und mit klarer Stimme teilte er seinen Gästen mit, dass eine kleine Havarie die Ausfahrt für jetzt verhindere. Da galt es, sich nicht selber enttäuschen und entmutigen zu lassen, sondern getrost weiterzuarbeiten, um auch diesen Berg wieder zu überwinden. Seinem Grundsatz getreu, niemals aufzufahren, wenn nicht absolute technische Sicherheit für die Mitfahrenden vorhanden sei, konnte und durfte er nicht fahren, wenn er auch persönlich die Ausfahrt gewagt hätte. Es hatte sich herausgestellt, dass ein Auspuff-Stoffmantel undicht war, obwohl er von einer der renommiertesten Fabriken geliefert war. Aber es ist bezeichnend für die edle Gesinnung des Grafen, dass kein Wort des Unmuts über die Unzuverlässigkeit der Fabrik laut ward. Kein Zug in seinem Antlitz verriet den Schwerenttäuschten. Ruhig nahm er sein Schwimmbad wie alle Tage im See; dann versammelte er am Abend, wie gewohnt, einen kleinen Kreis um sich und unterhielt sich mit Heiterkeit und Würde in der ihm eigenen selbstlosen, vornehmen Art. Und als sich seine Gäste um 22 Uhr empfahlen, da ging der Graf in sein Büro – um zu a r b e i t e n .

Kurz nach der Feier des 70. Geburtstages des Grafen und am Ende einer lange anhaltenden, außergewöhnlich strengen Arbeitsperiode gönnte sich der Graf mit seiner Tochter im August 1908 circa fünf Tage der Erholung. Wir trafen uns damals am schönen Vierwaldstättersee. Ich sprach ihm meine Freude aus, dass er sich einmal endlich ein paar Tage freigemacht habe. „Aber ich habe dabei eigentlich kein gutes Gewissen", war seine Antwort.

Die Arbeitslast des 70-Jährigen steigerte sich nur noch. Als das Luftschiff vom Deutschen Reiche endgültig übernommen worden war, schrieb der Graf einmal einen Zirkularbrief an seine Freunde, weil es ihm zur Unmöglichkeit geworden war, sein Vorhaben, eine Anzahl Gratulationsbriefe eigenhändig zu beantworten, auszuführen. Darin sagt er u.a.: „Anstatt der erhofften Verminderung meiner täglichen Arbeitslast, stellen die Weiterentwicklung der Luftschifffahrt und deren Einführung in den nützlichen Gebrauch nur immer wachsende Anforderungen an mich."

Und wie arbeitsreich war wiederum der Sommer 1909. Da drängten sich die großen Ereignisse noch mehr zusammen als im Vorjahre. Die vielen langen Eisenbahnfahrten, die er zu machen hatte, waren ihm damals Erholung. Da war er einmal wirklich für sich. Sonst gab sozusagen einer dem andern die Türklinke in die Hand. Er wurde fortwährend in seiner Arbeit unterbrochen. Diese Unterbrechungen empfand auch sein Kopf. Aber er blieb sich immer gleich. Er schlief des Nachts oft nur zwei bis drei Stunden und gönnte sich eine Mittagsruhe von zehn Minuten; dann fuhr er wieder auf. Es schoss ihm ein Gedanke durch den Kopf, oder er hörte wieder Schritte.

Anfang August 1909 weilte der Graf kurze Zeit auf der Ila in Frankfurt a. M. Seine Tochter und sein Schwiegersohn entrissen ihn den Ovationen und nahmen ihn am Sonntagmorgen mit nach dem Gute Brandenstein. Dort weilte er auch noch den Montag. Aber er machte es bei dieser „Erholung" ganz anders wie andere Leute. Diese wären im Wald spazieren gegangen. Der Graf aber sagte: „O, hier habe ich schön Ruhe und Zeit – meine Arbeit zu schreiben!"

Seine Mitarbeiter

Ein jeder lerne seine Lektion,
So wird es wohl im Hause stehn.

Es ist selbstverständlich, dass Zeppelin die großen schriftlichen Arbeiten nicht mehr allein bewältigen konnte. Mehrere Sekretäre waren fortgesetzt in seinem Büro beschäftigt, und jedem war ein reiches Maß an Arbeit zugewiesen.

Als ich den Grafen Ende Juli 1908 in Friedrichshafen besuchte, zeigte er mir seinen Schreibtisch. Welch ein Berg unbeantworteter Briefe lag darauf! Er sagte mir: „Die muss ich alle s e l b s t beantworten, und unten sitzen meine Sekretäre bei fortgesetzter strenger Korrespondenz. Und der Berg wird nicht kleiner, sondern größer; denn es kommen immer mehr Briefe an als abgehen."

Der Graf hatte auch darin eine glückliche Hand und einen klaren Blick, dass er sich mit den geeigneten Männern und dem für sein Werk passenden Personal zu umgeben wusste. Bei einem für seine Leute in Immenstaad am Bodensee veranstalteten Fest sagte er in einer Ansprache, dass er das Gelingen seines Werkes zum großen Teil d e r   v o l l s t ä n d i g e n   H i n g a b e   s e i n e r   A r b e i t e r verdanke. Das Band der Treue, das ihn mit seinen Mithelfern, den Arbeitern, verbinde, sei die Basis seines Schaffens gewesen, und der Erfolg somit ein W e r k   d e r   T r e u e . Von den Männern der Wissenschaft, die mitgeholfen hätten, nenne er zuerst die Physiker Professor H e r g e s e l l und Baron von B a s s u s , sowie die Ingenieure K o b e r und D ü r r . Sein eigenes Verdienst bestehe nur darin, dass er die richtigen Gelehrten und geeignetsten Arbeiter in den Dienst seiner Idee gestellt und sie zu einheitlichem Schaffen zusammenzuhalten verstanden habe. Diese freundliche Stellung zu seinen Mitarbeitern und seiner Arbeiterschaft war geradezu vorbildlich bei dem Grafen.

Der leitende Ingenieur bei den Luftschiffbauten Zeppelins war schon damals L u d w i g   D ü r r, erst 35 Jahre alt, der aber schon seit 15 Jahren im Dienste des Grafen stand. Er ist der Sohn eines verstorbenen Weingärtner-Ehepaars in Württemberg. Nach Beendigung seiner Schulzeit trat er als Mechaniker in einer Stuttgarter Werkstätte ein, besuchte die dortige Baugewerbeschule, diente als Einjähriger bei der Marine, bestand 1898 die Diplomprüfung und trat dann bei Zeppelin ein. Er leitete schon den Bau der drei ersten Luftschiffe. Am Sonntag vor dem 70. Geburtstag des Grafen, wenige Tage nach der großen Schweizerfahrt, wurde Ludwig Dürr zum königlichen Schloss in Friedrichshafen befohlen. Der König von Württemberg überreichte ihm eigenhändig die goldene Medaille für Kunst und Wissenschaft am Bande des Friedrichsordens. Jedermann gönnte dem pflichttreuen Mitarbeiter des Grafen diese Auszeichnung.

Auch der kaufmännische Vertreter Zeppelins, sein Bürochef U h l a n d , erhielt vom König eine Auszeichnung. Am Geburtstag des Grafen ward ihm das Ritterkreuz 1. Klasse des Friedrichsordens verliehen.

Als der Vertreter des Reichsmarineamts, Kapitän zur See Mischke, Mitte Juli in Friedrichshafen weilte, um die beabsichtigte große Fahrt mitzumachen, lernte er auch das zeppelin'sche Personal kennen. Er äußerte sich, es habe einen vortrefflichen Eindruck auf ihn gemacht; es sei ganz tadellos ausgebildet und diszipliniert.

Als Bauherr und Arbeitgeber hatte sich der Graf bei seinen Arbeitern stets der größten Hochachtung und Bewunderung zu erfreuen. Er selbst war immer der Erste auf dem Platze. Und verließ als Letzter die Arbeitsstätte. Und auch am Privatleben seiner Arbeiter nahm er liebevoll teil. Als einer derselben nach schwerem Leiden in seinem Heimatdorf starb, sah man den Grafen unter den Leidtragenden hinter dem Sarge gehen, obgleich es eine weite Reise dorthin war und er sich in einer arbeitsreichen Zeit befand. Solche Züge seiner Herzensgüte waren bei ihm umso schöner, als es ihm für etwas Selbstverständliches galt, anderer Freud und Leid zu teilen. Die Arbeiter wussten es ihm aber auch in ihrer schlichten Weise zu danken, was sie an ihm hatten. Das trat gerade an oben erwähntem Fest aufs Schönste zutage, wo einer der Arbeiter es mit herzlichen Worten rühmte, dass er und seine Mitarbeiter an dem Grafen einen V a t e r hätten. Sie hätten das so sehr empfunden, als er ihnen mit dem Luftschiff entschwunden sei. Als er da abends heimgekehrt sei, da habe ihm ihr Herz entgegengeschlagen und sie hätten gefühlt, dass er ihr Vater sei. Und auch in den schweren Zeiten sei er immer freundlich und gut zu ihnen gewesen.

Seit sich dann durch die deutsche Nationalspende das Werk in rascher Weise entfaltete und vergrößerte, vermehrten sich auch die M i t a r b e i t e r des Grafen um tüchtige Männer. Namentlich gewann Zeppelin einen gewandten kaufmännischen Direktor, den Fabrikanten Colsmann für seine Sache. Anfang September 1908 hieß es: „Das Zeppelinsche Luftschiffunternehmen beschäftigt z. Zt. fünf Ingenieure und 82 Monteure, Schlosser, Taglöhner; vier Ingenieure, an der Spitze Oberingenieur Dürr, haben die Konstruktion und den Betrieb unter sich, während ein Ingenieur mit der Materialprüfung betraut ist. Ferner finden zwei Luftschiffkapitäne und mehrere Bootsführer Verwendung, die in der Mehrzahl aus der Kriegsmarine hervorgegangen sind. Die kaufmännische Abteilung in einem Nebengebäude des Deutschen Hauses steht unter der Leitung von Direktor Colsmann und dem Bevollmächtigten Ernst Uhland, dem noch drei weitere Hilfskräfte beigegeben sind." Von den hohen Verdiensten Dr. E c k e n e r s um die Weiterführung des Werkes wird später die Rede sein.

Man wurde in jenen Jahren nicht müde, in allerlei Konferenzen und Vorträgen über die soziale Frage zu reden und zu disputieren. Ich glaube, Zeppelin hat auch hier wieder als Mann der Tat das Richtige getroffen. Er hat nicht viel an solchen Konferenzen teilgenommen, das erlaubte ja schon seine Zeit nicht, das entsprach aber auch nicht seinem Geschmack; hingegen hat er durch seine Handlungsweise sich die dankbare Liebe der Arbeiter gesichert. Einmal ging's mit dem sämtlichen Personal von der Werft in Friedrichshafen nach dem Hohentwiel bei Singen, nur eine kleine Wache blieb zurück. Oberingenieur Dürr hatte die Leitung bei diesem Ausflug. An der Spitze marschierte die Ulmer Militärmusik in Uniform. Am Abend erwartete der Graf die Ausflügler in Immenstaad am Bodensee, woselbst er sie zu einer Abendtafel um sich versammelte. Der edle Arbeitgeber bezahlte bei einem solchen Ausflug nicht nur sämtliche Kosten, sondern auch den Lohn für zehn Arbeitsstunden.

Freilich ist seine große Güte auch oft missbraucht worden. Der Graf und seine Familie wurden von Bittstellern aller Art heimgesucht. Namentlich war dies der Fall in jener Zeit, als ihm für sein Werk vom deutschen Volke große Summen zur Verfügung gestellt wurden. Man hätte es wissen können, dass der selbstlose Erfinder von der ganzen Nationalspende keinen Pfennig für sich genommen hat, sondern alles und jedes, selbst solche Gaben, die eigentlich für ihn persönlich gegeben waren, in uneigennütziger Weise für sein großes Werk verwendete. Trotzdem waren die Bittgesuche Legionen. Der Graf sah sich daher zu folgender Erklärung veranlasst: „Die mir vom ganzen deutschen Volke in einmütiger Opferwilligkeit gespendete Gabe übertrifft schon heute die unmittelbaren Kosten eines Ersatzbaues für mein zerstörtes Luftschiff. Nach dem mir durch die Spender anvertrauten freien Verfügungsrecht errichte ich aus dem Überschuss eine Zeppelin-Luftschiff-Stiftung, die bestimmt ist, die Entwicklung des Baues meiner Luftschiffe zum Vorteil der deutschen Industrie zu fördern sowie dem Reich die Schaffung neuer Luftschiffe zur Ergänzung seiner Wehrkraft und zur Verwendung im Dienste der Wissenschaft zu erleichtern. Hiernach erhält mein Vermögen durch die Zeppelinspende keinen Zuwachs. Ich bitte deshalb, es nicht als Hartherzigkeit aufzufassen, wenn ich die in letzter Zeit in ungeheurem Umfange an mich und meine Angehörigen gerichteten Bittgesuche, zu deren Befriedigung mein ganzes Jahreseinkommen nicht ausreichen würde, abschlägig bescheiden muss."

Luftschiffwerft Friedrichshafen
(Aufnahme von Hauptmann a.D. Wilcke, Friedrichshafen)

Die Arbeitsstätte des Grafen

Es liegt ein wunderbarer Adel und selbst etwas Heiliges in der A r b e i t . Wäre der Mensch auch noch so wenig seines hohen Berufes eingedenk, so berechtigt er doch immer noch zu Hoffnungen, solange er wirklich und ernstlich arbeitet – nur im Müßiggang liegt ewige Verzweiflung.

Carlyle.

Seit Beginn der zeppelinschen Probefahrten waren die Augen der ganzen Welt auf die stille Bucht Manzell am Bodensee gerichtet. Sie liegt etwa eine Dreiviertelstunde von Friedrichshafen, der Sommerresidenz des Königs von Württemberg. Die Bucht trägt ihren Namen von der im friedlich-schönen Waldwinkel gelegenen königlichen Domäne. Es ist dies eine sehr alte Wohnstätte, in der nach der Volksüberlieferung einst der Alemannenapostel M a g n u s , der im Volksmund St. Mang hieß, eine Zelle hatte. Das stille Gelände am See ist seit Jahren Tag um Tag eine Stätte emsiger Arbeit von vielen gewesen. Denn hier, einige Meter vom Ufer entfernt, wurde schon die erste schwimmende Halle für den Bau des ersten Luftschiffes errichtet. Welch ein Leben und Treiben war schon damals dort zu sehen, als etwa 100 Menschen den verschiedensten Arbeiten zu gleicher Zeit oblagen! Hier hat auch der Graf selbst unter seinen Ingenieuren und Helfern die angestrengteste und vielseitigste Tätigkeit entfaltet. Und als dann seine Arbeiten immer größeren Umfang annahmen, wurde das „Büro" in das Hotel zum Deutschen Haus nach Friedrichshafen verlegt. Hier sollten die Korrespondenzen erledigt und die rechnerischen und konstruktiven Arbeiten ausgeführt werden, während in Manzell nach wie vor die „Werkstätte" im großen Stil war, die dann noch durch den Bau der z w e i t e n Ballonhalle vergrößert wurde.

Schon im Frühling des Jahres 1899 begann der Graf den Bau der ersten schwimmenden Halle, die etwa 600 Meter vom Ufer entfernt war. Sie ruhte auf 95 schwimmenden Pontons und hatte eine Länge von 140 Meter. An der Spitze war sie verankert, um sich stets nach dem Winde drehen zu können. Mehrmals wurde sie bei heftigen Stürmen losgerissen. Sie wurde später abgebrochen.

Im Sommer 1904 wurde dann die feststehende Halle gebaut, welche nun seitdem als Montierungshalle für die Luftschiffe diente.

Im Jahre 1907 wurde die dritte Halle erbaut, und zwar war dies eine 150 Meter lange schwimmende eiserne Halle. Das mächtige Eisengerüst war mit Brettern verkleidet. Sie ruhte auf 38 eisernen Pontons, welche fest zusammengefügt waren. Die Halle war an einem 90 Meter langen armdicken Drahtseil befestigt, welches an einem Betonklotz verankert war, der im Seegrund lag. So konnte sich die Halle nach der Windrichtung drehen, wodurch die Landung des Luftschiffes sehr erleichtert war. Unabhängig von der Halle war ein ausziehbares eisernes Floß, das aus 28 Pontons bestand und 112 Meter lang und sieben Meter breit war.

Die weite, platte Oberfläche des Bodensees war für die Probefahrten des Fahrzeuges begreiflicherweise sehr günstig. Es kam ja nach und nach dahin, dass auch auf dem Lande geeignete Landungsplätze geschaffen wurden. Nur mussten dies wegen der gewaltigen Dimensionen des zeppelinschen Lustschiffes große, freie Plätze sein, auf welchen sich keine Bäume oder andere Hindernisse befanden. Einstweilen war noch der Bodensee das gegebene Versuchsfeld und die Luftschiffe mussten, auch wenn sie über Land fuhren, nach Manzell zurückkehren.

Die Arbeitsstätte des Grafen wurde dann seit dem Tage von Echterdingen durch die großartige Nationalspende des deutschen Volkes ganz wesentlich vergrößert und verändert. Wir verweisen auf ein späteres Kapitel in diesem Buche, das über die neue Arbeitsstätte bei Friedrichshafen Näheres berichtet.

Die Zwölfstundenfahrt

Was bringt zu Ehren?
Sich tapfer wehren.

Alter Spruch.

In der Geschichte der Luftschifffahrt ist der 1. Juli 1908 von epochemachender Bedeutung. Der Deutsche Reichstag hatte schon längst die Mittel zur Erwerbung des zeppelinschen Luftschiffes einstimmig bewilligt. Allein es war daran noch die Bedingung geknüpft worden, dass sich das Fahrzeug durch 24-stündigen ununterbrochenen Aufenthalt in der Luft und durch Landung an einem vorgeschriebenen Ort bewähren müsse. Dieser Ausweis sollte nun bewerkstelligt werden. Die Fahrt sollte von Manzell aus über Konstanz und über den Rhein via Basel, Straßburg nach Mainz gehen, und auf der Rückfahrt sollte dann auf dem Exerzierplatz in Konstanz der Ballon niedergehen. Richtig fuhr er auch am Morgen des ersten Julitages in der vorgeschriebenen Richtung ab. Aber zum Erstaunen aller schwenkte er etwa über Waldshut nach Süden und fuhr in die S c h w e i z hinein; über Luzern, Zürich, Frauenfeld ging die Reise, um nach zwölf Stunden wieder in der Halle zu Manzell zu endigen. Doch hören wir darüber einen kompetenten Mitreisenden, den Geheimen Regierungsrat Professor Dr. H. H e r g e s e l l :

„Als langjährigem Mitarbeiter und Freund des Grafen wurde mir das große Glück zuteil, die zwölfstündige Dauerfahrt – die l ä n g s t e , die bisher von einem lenkbaren Luftschiff ausgeführt wurde durch die Schweizer Berge, also über einem Terrain, das wohl zu dem s c h w i e - r i g s t e n aller bisher überfahrenen Gebiete gehört, mitzumachen. Mein Platz war in der vorderen Gondel, also dort, wo sich mit der Oberleitung alle Steuerorgane des Luftschiffes befinden; mir selbst war es vergönnt, an der Navigation des Schiffes teilzunehmen, ja, ich konnte eine Zeit lang die Höhensteuerung selbst betätigen. Ich mache diese Bemerkung nur, um darzutun, dass, wenn ich im Folgenden auf einzelne technische Einzelheiten zu sprechen komme, mein Platz in dem Schiff mich wohl dazu befähigte.

Es war ein herrlicher Morgen, als wir an jenem denkwürdigen Tag in der Geschichte der Luftschifffahrt, dem 1. Juli 1908, auf dem kleinen Motorboot ‚Württemberg‘, meinem mir wohlbekannten Schiffchen für Drachenaufstiege, nach der schwimmenden Reichshalle bei Manzell hinausfuhren. Dort harrte unser bereits das Luftschiff; schnell nahmen wir unsere Plätze in der vorderen Gondel an Stelle der bei der Abwägung notwendig gewesenen Ersatzleute. Dort waren wir im Ganzen acht, der Graf, Oberingenieur Dürr, ich, zwei Obersteuerleute, ehemalige Angehörige der Marine, und drei Maschinisten. In der hinteren Gondel befanden sich ebenfalls drei Maschinisten; im sogenannten Salon, einem zwischen beiden Gondeln befindlichen Raum, hatte auf Einladung des Grafen der Schriftsteller E. Sandt Platz genommen. In sieben Minuten war das Schiff aus der Halle, schwenkte backbord in voller Fahrt auf K o n s t a n z , das wir in kaum 20 Minuten erreichten und unter dem Jubel der Bevölkerung überflogen; bald ging es in den herrlichen U n t e r s e e hinein, und unter uns lagen jene reichen Gefilde ältester Kultur, die so oft der Geschichte als Schauplatz gedient hatten. Ist dieser Teil des Bodensees schon für den gewöhnlichen Besucher der anziehendste des ganzen Schwäbischen Meeres, w a h r h a f t f a s z i n i e r e n d wirkt er von dem erhabenen Standpunkt des Flugschiffes aus. In unserer Rechten erstreckte sich die sonnige Reichenau mit ihren reichen Dörfern und Klöstern, und vor uns lagen die grünschimmernden Uferberge des Rheins, dessen Flusslauf wir schon deutlich im Untersee durch Schaumstreifen unterscheiden konnten, auf ihnen Schlösser und Weiler, wie Arenaberg, die Jugendstätte Napoleons III., im Hintergrund endlich erhob sich drohend und trotzig der steile Felsklotz des Hohentwiel, die Wohnstätte Hadwigs, der stolzen Herzogin von Schwaben, und Praxedis, der anmutigen Griechin. Der ganze Schauplatz des Scheffelschen Ekkehards lag zu unseren Füßen. Schnell glitten wir jedoch dahin, nicht lange Zeit blieb zum Beobachten, m i t f a s t 60 S t u n d e n k i -
l o m e t e r durchzogen wir die Gegend. Schon lag die breite Fläche des Untersees hinter uns, wir traten in das sich immer verengende

Rheintal, und nun begann der schwierige und interessante Teil der Fahrt, d i e N a v i g a t i o n d e s L u f t s c h i f f e s i n e n g e n G e b i r g s t ä l e r n . Hierin Erfahrung zu sammeln, war gerade eine der H a u p t a u s g a b e n unserer Reise. Wohl hätten wir leicht höher gehen können als die meisten der uns umgebenden Berge. Der mitgeführte Ballast hätte bequem ein Aufsteigen bis zu 1 200 Meter Höhe und mehr gestattet. Aber gerade zu untersuchen, wie sich das Luftschiff in den engen Strombetten der Gebirgstäler, wo sich die Luftstromfäden zusammendrängen und Wirbel und Geschwindigkeiten des Windes sich bilden müssen, verhalten wird, sollte der Hauptzweck unserer weiteren Fahrt sein.

Nach Passieren des romantischen Städtchens S t e i n a. Rh. verließen wir für kurze Zeit das Rheintal, weil wir den sogenannten Schlattenberg, den der Rhein auf der Nordseite umfließt, im Süden umfahren wollten. Hier machten wir bereits die ersten Erfahrungen von hebenden v e r t i k a l e n L u f t s t r ö m e n , die das Luftschiff mit Gewalt e m p o r f ü h r e n wollten und unbedingt die Fahrt verkürzen müssen, wenn dieser Hebewirkung nicht widerstanden werden kann. Mit Hilfe unserer dynamischen Höhensteuer gelang es jedoch spielend, trotz dieser störenden Kräfte, das Schiff in der richtigen Höhe zu halten. Weiter geht unser Flug. Kurz vor S c h a f f h a u s e n erreichen wir wieder den Rhein, und bald liegt die alte Schweizerstadt mit ihren engen Gassen und hochgiebeligen Häusern zu unseren Füßen. Wir sehen, wie die Menschen bei unserem Herannahen zu laufen, sich zu sammeln beginnen, die Dächer der Häuser werden schwarz von gestikulierenden, Tücher und Fahnen schwingenden Leuten. Hurrarufen dringt durch das Knattern der Motoren zu unseren Ohren. Wir sehen, auch unter uns fühlt die Menschheit mit uns die Bedeutung dieser denkwürdigen Fahrt. Aber schon erfüllt ein neues Bild unser Auge, verschlingt ein neues Getöse den Lärm der Stadt; wir ziehen gerade über den tosenden R h e i n f a l l dahin, der uns dumpf und donnernd seine Grüße hinaussendet. Etwa 100 Meter über den fallenden Wassermassen können wir aus dieser verhältnismäßig geringen Höhe die großartige Erhabenheit dieses Schauspiels bewundern.

Wir folgen dem Rheinlauf mit seinen vielen Windungen noch weiter bis zur Einmündung der Thur, dann aber schwenken wir rechts, wir wollen in das gebirgige Terrain der Schweiz. Ein Stück geht es nach Südosten, der Thur entgegen, dann drehen wir wieder steuerbord, um nach dem romantisch gelegenen Baden im Limmattal zu gelangen. Überall fliegen wir über jubelnde Ortschaften, allenthalben sendet uns die Schweiz einen neidlosen Festgruß. Doch das schlängelnde Fliegen in den engen Tälern wird zu langdauernd, wir sehen, wie vor uns die Eisenbahn stracks in einem Tunnel den Berg durchbricht. Was dieser Erdenwurm kann, vermögen wir auch, wenn auch in anderer Weise. Die Höhensteuer werden nach oben gerichtet, langsam majestätisch klimmt unser Fahrzeug in schiefer Ebene den Bulacher Berg hinauf, wohlgemerkt ohne jeden Ballastwurf. Parallel dem Tunnel überfliegen wir das Bergplateau in etwa 650 Meter Höhe, um uns hernach wiederum auf die Höhe des Tunnelausganges mit dem Höhensteuer herabzudrücken. Nun geht es stracks nach B a d e n zu, dessen Südende wir gegen 11.30 Uhr erreichen. Durch ein kleines Seitental backbordsteuernd gelangen wir nunmehr in das Tal der Reuß, das in langer Fluchtlinie sich südwärts erstreckt, und das mit etwa 25 Stundenkilometer schnell durchflogen wird. Kurz nach Mittag erscheinen vor uns die blauen Flächen des Zuger und Vierwaldstätter Sees, erheben sich vor uns die Bergklötze des Pilatus und des Rigi, dahinter erblicken die entzückten Augen die Schneeflächen der Riesen des Berner Oberlandes. Bald sind wir über L u z e r n , und nun liegt der vielbuchtige See der vier Waldstätten zu unseren Füßen. Die Fahrt geht mitten auf die Seefläche, den Pilatus entlang, bald sind wir über dem sogenannten Kreuz; unter uns durchführen die weißen Dampfer den See, bedeckt mit jubelnden und schreienden Menschen. Die Straßen, der Promenadenkai vor dem Schweizerhof, alles ist schwarz wie von wimmelnden Ameisen. Wir wenden jetzt scharf nach links aus Küssnacht zu, hier wollen wir über die Passhöhe zum Zuger See. Während bisher die Fahrt mit oder wenigstens nicht gegen die allgemeine Windrichtung gegangen war, beginnt von jetzt an das Manövrieren gegen die Windrichtung, was wir sofort bemerkten, als wir die Passhöhe von Küssnacht, auch für uns eine enge Gasse, überschreiten. Bald sind wir über dem Z u g e r S e e , dessen hellblaue Wasserfarbe im Vergleich zu den dunklen Wassermassen des Vierwaldstätter Sees besonders ausfällt. Wir wenden uns südwärts zur Enge von Rothenbach, wo der breite

See sich aus weniger als einen Kilometer verengt. Hier können wir schon beobachten, wie wechselnd die Windstärken im Gebirge sind. In dem engen Felsenpass drängen sich die Stromfäden des Windes derart zusammen, dass wir kaum mit einem Meter Geschwindigkeit vorwärts kommen. Wir müssen also mindestens gegen 14 Meter Wind in der Sekunde ankämpfen. Doch das Felsentor besitzt nur geringe Länge, bald sind wir im breiten südlichen Teil des Sees, in flotter Fahrt geht es auf Zug zu. Wir wollen zum Züricher See hinüber. Das ist nur möglich, wenn wir den hohen Felsrücken von Horgen, durch den die Gotthardbahn im langen Tunnel nach Zürich bricht, überfliegen können. Wir müssen zu diesem Zweck auf etwa 830 Meter ansteigen und noch dazu gegen einen ziemlich lebhaften Nordostwind, der, wie uns später übermittelte Messungen der Züricher Zentralstation zeigten, auf dem See mit etwa sechs Meter strömte, über den Pass aber, wie uns die eigene Erfahrung lehren sollte, viel stärker dahinbrauste.

Im Vertrauen auf unser wackeres Schiff wurden die Höhensteuer emporgerichtet, und sofort flogen wir in schräger Fahrtrichtung nach oben über Baar der Passhöhe zu. Der Pass von Horgen wird für die Luftschifffahrt durch einen hohen, tafelförmigen Berg erschwert, an dessen linker Seite ein enges Tal herabsteigt, durch das wir hindurch mussten. Hier zeigte sich die Navigation besonders interessant. In dem engen Tal drängten sich die Luftmassen zu einem neuen, s t ä r k e r e n S t r o m zusammen, der noch dazu abwärts floss und das Aufsteigen des Luftschiffes zu hemmen suchte. Hier zeigten die H ö h e n - u n d S e i t e n f e u e r ganz ihre hervorragenden Eigenschaften. Trotz des absteigenden Luftstroms drückten wir d a s i n a l l e n F u g e n z i t t e r n d e L u f t s c h i f f i n d i e H ö h e, uns allmählich, aber sicher der Passhöhe nähernd. Das Vorwärtskommen war an einzelnen Punkten, wo die Talbildung sich stark verengte, besonders schwierig. Mitunter wurden wir tatsächlich z u r ü c k g e t r i e b e n, ein Beweis, dass wir zeitweise gegen einen Wind von mehr als 15 Metersekunden anfuhren. Dann mussten wir andere Teile des Passüberganges durch unsere Seitenfeuerung suchen, wo wir einen gewissen Windschatten vermuten konnten. Bei diesen Drehungen und Abtriften war das Tal mitunter so eng, dass wir fürchteten, das Heck unseres Schiffes berühre bei der Drehung die Talwand, beziehungsweise die Berglehne. Aber a l l e s g e l a n g v o r t r e f f l i c h dank der wunderbaren Organe unseres Schiffes.

Um 13.50 Uhr befanden wir uns über der Passhöhe in 840 Meter Seehöhe. Mit einem Schlage tat sich ein anderes herrliches Bild auf. Vor uns lag in seiner ganzen Längenausdehnung der Z ü r i c h e r S e e [7], links vor uns das Zürcher Becken, rechts die Rapperswiler Bucht. Im hellen Sonnenschein lagen die blühenden Gestade zu unseren Füßen, wo Goethe und Klopstock sich begeisterten. Schwarz und dunkel traten aus der blinkenden Seefläche die Inseln von Ufnau heraus, wo einst Ulrich von Hutten litt und starb.

Ebenso mühsam wie der Aufstieg war der A b s t i e g. Noch immer strömte die Luft mit 13 bis 14 Meter gegen uns, und zwar von jetzt ab als aufsteigender Strom. Die niedergedrückten Höhensteuer zwangen unser treffliches Schiff jedoch allmählich wieder herab, und um 14.15 Uhr schwebten wir in ruhiger Fahrt, nur etwas über 400 Meter hoch, die Seeachse entlang, Zürich entgegen. Eine volle Stunde hatten wir zur Überwindung des Passes gebraucht, und doch ist Horgen von Zug nur durch eine Entfernung von 15 Kilometer getrennt.

In wundervollem Aufbau an den Berglehnen, überragt von dem dunklen Rücken des Uetliberges, lag die bedeutendste Stadt der Schweiz bald zu unsern Füßen. Uns möglichst niedrig haltend flogen wir über das Häusermeer, das wie überall v o n j u b e l n d e n M e n - s c h e n bedeckt war, dahin. Sofort stockte der Verkehr, in dunklen Haufen standen auf allen Straßen die Menschen mit emporgereckten Köpfen und emporgestreckten Händen. Wir erwiderten nach Möglichkeit den hellstimmigen Gruß der Stadt durch Tücherschwenken und Abwerfen von Postkarten. Doch bald mussten wir weiter. Noch einen Blick warf ich rückwärts, und siehe, eine Erinnerung tauchte plötzlich in mir auf. Von dieser Stelle aus hatte ich schon Zürich aus dem Luftmeer erblickt, fünf Jahre vorher hatte mich eine Ballonfahrt in Gemeinschaft mit Dr. Stolberg und Dr. Kleinschmidt von Straßburg nach Zürich geführt. Der gleiche Blick, und doch wie anders heute. Damals steuerlos dahintreibend durchfurchten wir heute stolz, als souveräne Herrscher die Luft.

---

7   Anm. des Verlags: heute Zürichsee.

Das Zeppelin-Luftschiff über dem Rheinfall bei Schaffhausen

Die eigentlich beabsichtigte Fahrt nach dem W a l e n s e e und in
das R h e i n t a l mussten wir leider a u f g e b e n ; denn dort standen dunkle, mächtige Gewitterwolken, die aufzusuchen nicht ratsam
schien. Wir wandten uns deshalb nordwärts W i n t e r t h u r zu, über
die reizenden Waldgebirge des Thurgaues in mannigfachen Wendungen dahinfahrend, beständig g e g e n   e i n e n   N o r d o s t w i n d
von etwa sechs Meter in der Sekunde. Die Fahrt ging der Bahn entlang, mi t   e i n e m   Z u g e   f u h r e n   w i r   e i n e   Z e i t   l a n g
u m   d i e   W e t t e , keiner überholte den andern. Etwas vor 16 Uhr
waren wir über W i n t e r t h u r , nach 17 Uhr über Frauenfeld, wo wir
mit den Offizieren der dortigen Artillerieschule Grüße austauschten.
Um 17.30 Uhr erblickten wir wiederum die weite Fläche des blauen
B o d e n s e e s , hell erschien die Abendsonne, die Heimstätte unseres
Luftschiffes, die gewaltige Reichshalle, uns zur direkten Heimfahrt ein-
ladend. Doch die ermüdeten Männer widerstanden tapfer dem locken-
den Gruß. Wir wandten den Schnabel des Schiffes ostwärts, galt es
doch, unser Versprechen einzulösen, R o r s c h a c h und das Rheintal
aufzusuchen. Nach 19 Uhr passierten wir die Rheinmündung, nachdem wir noch S t a a d und das romantisch gelegene W a l z e n h a u -
s e n berührt hatten. Nach so vielen Schönheiten und Naturwundern
brachte die Heimat doch wieder Neues, wenn nicht das Schönste: den
S o n n e n u n t e r g a n g   ü b e r   d e m   B o d e n s e e . Einer roten
Feuerkugel gleich hing der Sonnenball über der rot schimmernden
Wasserschale, während wir direkt in den roten Glanz hineinfuhren. Im
stillen Abendfrieden lagen die Ufer des Sees, als hellleuchtende Sterne
strahlten die Lichter der Uferstädte, über uns summten die Propeller
ihr eintöniges Lied, und ruhig und stetig schoss unser schnelles Schiff
der bergenden Halle zu. Um 20.26 Uhr berührten die Gondeln die
Wasserfläche, nachdem wir genau zur gleichen Zeit am Morgen die
Fluten des Sees verlassen hatten. In zwölfstündiger Fahrt hatten wir
Städte und Berge in mannigfacher Gestaltung und Lage überflogen,
Grenzen verschiedener Staaten gekreuzt, i m m e r   H e r r e n   u n s e -
r e s   S c h i f f e s , immer Meister im flutenden L u f t m e e r ,   w a h r e
E r o b e r e r   d i e s   L u f t o z e a n s .
Neben mir aber stand der Mann, der dies alles, man kann wohl
sagen, g e g e n   d e n   W i d e r s t a n d   e i n e r   g a n z e n   W e l t

geschaffen, in ruhiger, aber stolzer Bescheidenheit, da. Ein mildes Lächeln verklärte seine ruhigen Züge,
als er auf seine Arbeitsstätte, den Bodensee, herabblickte. Die Abendsonne beschien das edle Antlitz und küsste es mit dem Hauche der
Unsterblichkeit."

Neben diesem bewährten Fachmann wollen wir auch noch einen
andern Mitreisenden zu Wort kommen lassen, und zwar den Schriftsteller Emil Sandt:

„Tief unten auf der sonnenbeschienenen bergigen Erdoberfläche
konnte ich sehen, wie die Schatten unseres Schiffes sich Zoll für Zoll
vorwärts quälten, und oben fegten die Propeller in rasenden Umdre-
hungen um ihre Achse, so schnell, dass man nur eine Scheibe sah. Ich
kletterte vom Mittelsalon, durch dessen Seitenwände und Fußboden
man einen Ausblick hat, in die hintere Gondel. Der lange, hohe und
an den Seiten durch Ballontuch abgesperrte sichere Gang führt auf
einen sich abwärts neigenden Aluminiumsteg und von da in die tiefer gelegene Gondel. Hier gibt es dann den Rundblick. Und unter uns
glitt der Rheinfall bei Schaffhausen entlang, dann kam das Reusstal,
dann schob sich Luzern heran. Das internationale Publikum unter uns
geriet in einen Taumel, die Dächer wurden buntfleckig von Menschen,
die Seeufer erhielten einen lebenden Kranz. Es war eine Fest - und
Triumphfahrt. Hinüber ging's nach dem Vierwaldstätter See,
Pilatus grüßte von Westen, die Rigi von Süden. Über Küssnacht glitten
wir spielend über den Gebirgssattel nach dem Zuger See und von da
unter sehr schwierigen, für die Prüfung der Lenkbarkeit ganz außerordentlich wichtigen Umständen an den Züricher See. Unter uns der
smaragdfarbene See. Unser Schiff spiegelte sich mit prachtvoller Klar-
heit wider, klein zwar, aber sehr deutlich, und rechts davon schwamm
der Schatten. Wir durchquerten noch die Schweiz über Winterthur
und Frauenfeld, flogen dann an den Bodensee heran über Norschach,
Bregenz, Lindau, Wasserburg wieder zur Heimstätte."

Welch hohe Freude und Begeisterung Graf Zeppelins Triumph-
Luftschiffreise vom 1. Juli in der Schweiz hervorrief, erhellt aus einer
aus Luzern eingetroffenen Karte, die den gedruckten Vers trägt:

100

Der Zeppelin war bei uns,
Flog über Stadt und Matten;
Das war einmal ein Schwab,
An dem wir Freude hatten.

Von L u z e r n schrieb jemand an die „Basler Nachrichten": „Heute gab es für die braven Luzerner eine Überraschung wie nie zuvor in ihrem Leben. Wie wir uns zum Mittagessen setzen wollten (ca. 12.30 Uhr), fällt mein Blick auf einen weißen, runden Körper, der sich aus der Richtung vom Rootsee[8] in der Luft heranbewegt. ‚Ein Ballon!', denken wir zunächst ohne sonderliche Erregung. Aber was bedeutet denn das? Dieses summende, schnarrende Geräusch?! Und siehe, der runde Fleck verlängert sich, nun gewahrt man eine scharfe Spitze, und wie sich das Ungetüm aufrichtet, da erkennen wir sie, die aus zahllosen Abbildungen bekannte Riesenzigarre mit dem polygonalen Durchschnitt, den beiden gleitenden Gondeln und den sonderbaren Flügeln und Flossen am Schwanz! ‚Der Zeppelin! Der Zeppelin!', schreien wir alle wie rasend und eilen von Fenster zu Fenster, um ja nichts von dem wunderbaren Schauspiel zu verlieren. In der Tat, er war es! Mit majestätischer Ruhe und Sicherheit segelt er ganz nahe über den Häusern hin; deutlich sehen wir, wie man droben unser eifriges Tücherschwenken erwidert. Mit eleganter Wendung geht nun der Ballon mehr gegen Osten, auf Dreilinden zu; in tadellosem Bogen, gleichmäßig vorwärtsrückend wie ein Uhrwerk, um nun hinter der Wesemlinhöhe zu verschwinden."

In einer norddeutschen Zeitung berichtet ein Kurgast von Luzern: „Um 12.30 Uhr mittags scheuchte ein dicht über den Hoteldächern summendes und surrendes Ballonungetüm die Table d'*hôte*-Gäste von ihren Tischen auf. Man eilte an das nahe Seeufer. Da manövrierte der Ballon bereits weit draußen über dem See, senkte sich plötzlich, und es schien, als wollte er sich auf den See herablassen. Blitzschnell erhob er sich jedoch wieder zu seiner früheren Flughöhe von ungefähr 100 Meter und eilte dem ‚Trichter' zu, der Stelle, wo die vier Buchten des Vierwaldstätter Sees sich vereinigen. Hier hatte es den Anschein,

---

8   Anm. des Verlags: heute Rotsee.

als ob die Lenker des Luftschiffes einen Augenblick zögerten; der Ballon lavierte, dann bog er mit einer jähen Wendung in die Bucht von Küssnacht ein. Das bewunderungswürdige Funktionieren der Steuerung löste unter den Zuschauern enthusiastische Rufe aus. Der pfeilgeschwinde, sichere und ruhige Kurs des Ballons, der jetzt aus der Ferne einer fliegenden Riesenschlange glich, steigerte die Begeisterung. Da war die Flugmaschine auch schon hinter den Hügeln in der Richtung nach dem Zuger See verschwunden. Genau 15 Minuten hatte das grandiose Schauspiel gedauert. Aufgeregt nahmen die Kurgäste, Deutsche, Franzosen, Engländer und Amerikaner, an der Hoteltafel wieder Platz. Sie hatten völlig unerwartet – zwischen Suppe und Fisch – einem k u l t u r h i s t o r i s c h e n E r e i g n i s beigewohnt, einen weltgeschichtlichen Moment erlebt: die erste große Fahrt des lenkbaren Luftschiffes. Jäh war das Wunderschiff gekommen und jäh verschwunden, aber ein geflügeltes Wort hat die Flugmaschine am Vierwaldstätter See hinterlassen: ‚Z e p p e l i n g e s e h e n ?‘ Auf der Pilatusspitze, auf Rigi-Kulm und in Tells hohler Gasse empfangen einen Wirt und Kellner mit begeistertem ‚Zeppelin gesehen?‘. In Flüelen nimmt der Schiffskontrolleur die Fahrscheine mit den neugierigen Worten ‚Zeppelin gesehen?‘ ab, und in Altdorf knipst der Schaffner der elektrischen Bahn das Billett mit einem freudigen ‚Zeppelin gesehen?‘ Kein Wunder, dass mancher auch auf dem Tell-Denkmal nun die geänderte Inschrift liest:

Erzählen wird man von dem Zeppelin,
Solang die Berge stehn auf ihrem Grund.

Der Dichter G o t t f r i e d K e l l e r hat übrigens einmal gesungen:

Und wenn vielleicht in hundert Jahren
Ein Luftschiff hoch mit Griechenwein
Durchs Morgenrot käm' hergefahren –
Wer möchte da nicht Fährmann sein?"

„Um volle 37 Jahre", schreibt man aus Zürich den „Basler Nachrichten", „ist die blühendste Phantasie von den Tatsachen überholt worden. Am 1. Juli 1908, nachmittags zwischen 14 und 15 Uhr, drängte sich in den Straßen Zürichs, am dichtesten an den Kais, eine aufgeregte Menge und hielt die Blicke unverwandt nach dem blendend weißlich-blauen Sommerhimmel gerichtet:

Langsam, wie ein Schwan mit weißem Segel,
Herrlich auf des Himmels blauem Grunde,
Oben fährt ein Schiff von Ost nach Westen;
Ruhevoll lehnt der Schiffer an dem Steuer:
Ist das nicht ein schönes Abenteuer?

Dass es ein welthistorischer Augenblick war, die Erfüllung eines großen, herrlichen Traumes, das fühlte die Jugend, das wissen die Alten; und wo das Luftschiff in den Höhen sichtbar ward und in seiner majestätischen Ruhe über die Erde dahinflog, da weckte es Erstaunen. Wie ein hunderttausendstimmiger Jubelruf hallte es durch die schweizerischen Lande: ‚Zeppelin! Zeppelin!‘"

„Und wo ein Dörflein überflogen wurde", schreibt die „Thurg. Ztg.", „und wo ein Bauer auf einsamem Feld bei der Arbeit stand, da ist ein Jubelschrei hinausgegangen zu Graf Zeppelins phantastischem Wunderschiff, das dämonenhaft mit der Eindruckskraft des Übernatürlichen auf das menschliche Gemüt einstürmte. Und in dem überwältigenden Eindruck hat hineingespiegelt das rein menschlich freudige Gefühl, dass der zähe, kühne, weißhaarige Mann dort oben heute sich des schönsten Tages seines Lebens freue, dass jahrzehntelange unverdrossene Arbeit und ungewöhnliche geistige Kraft den endgültigen Sieg davongetragen haben über alles Missgeschick, über die Missgunst der zünftigen Fachkreise und die Gleichgültigkeit der offiziellen Welt.

Und als das Schiff nach Frauenfeld kam, wie ein Lauffeuer ging's durch die Stadt. Und wie es in Schaffhausen zuging, in Luzern, in Zürich und Winterthur, so war es auch hier. ‚Zeppelin! Zeppelin!‘ Die Straßen füllten sich im Nu, auf allen Dächern strömte es zusammen, und mit Staunen sah man das Luftungetüm daherkommen im strahlenden Sommer und sicherem, kraftvollem Fluge, ein Anblick für Götter! In der Höhe von Niederwil machte das Luftschiff eine ganze Wendung nach links, zeigte uns eine imposante Breitseite, stieg dann mit gehobener Spitze höher, kam wieder herab und fuhr dann surrend mit stolzer Majestät, als wär's seit Jahren so Brauch, gegen den ziemlich kräftigen Ostwind, heran an die Stadt und in so geringer Höhe über den Häusern weg, dass man die Steuervorrichtungen und die Propeller sehen konnte und die Leute in den beiden Gondeln und die Tücher, mit denen sie freundlichen Gruß winkten. Man tat es auch, gab durch jubelnden Zuruf seiner tollen Freude Ausdruck, und man hätte dem Grafen Rosen zugeworfen die schwere Menge, wenn das Blumenwerfen unter solchen Umständen nicht gar so schwierig gewesen wäre."

Ein lustiges Intermezzo gab's übrigens beim Antritt der Zwölfstundenfahrt. Emil Sandt erzählt es einmal in seiner launigen Weise. Das Schiff war zu schwer belastet. Woran lag das? Wie auf einem Ozeandampfer gibt es auch im Luftschiff genug verborgene Ecken und Winkel. Es wurde abgesucht. Binnen Kurzem kam ein Mann zum Vorschein. Er gehörte dem Hallenpersonal an, war aber weder zur Bedienung während der Fahrt bestimmt, noch auch sonst eingeladen worden. Der erste „blinde Passagier" der Luft! Über das Gesicht Seiner Exzellenz glitt ein schwachverhaltenes Schmunzeln. Graf Zeppelin verstand die Handlungsweise. Oberingenieur Dürr aber, der für sentimentale Anwandlungen genauso wenig Zeit wie Veranlagung hat, pfiff den „Heimling" im Sechsachteltakt hinaus. Man hätte ihn ja auch nicht gut später „an die Luft setzen" können, als das Fahrzeug etliche hundert Meter über der Erde in den Lüften schwebte!

Überall war die Begeisterung groß.

Auch die G e s c h ä f t e machten sich die Zeppelin-Begeisterung zunutze. Wir wollen nicht reden von den außerordentlichen Variationen von Ansichtskarten und Bildern, deren Absatz ja ins Enorme ging, sondern von den Geschäften, die nun einzelne Artikel mit dem Namen „Zeppelin" benannten. Schon nach den ersten Aufstiegen im Jahre 1906 erschienen „Zeppelin-Z i g a r e t t e n", was den Grafen umso mehr amüsierte, als er gar nicht rauchte. Kaum war die Zwölfstundenfahrt gemacht, da kündigte ein Herrenmodebasar mit großen Lettern in der Zeitung einen „Zeppelin" an, nämlich einen federleichten G u m m i m a n t e l, 300 Gramm schwer. Ohne Zweifel sollte derselbe bei den künftigen Luftschifffahrten getragen werden, falls man nicht dabei eine wärmere Kleidung vorzieht. Inzwischen wird man sich auch auf der Erde einen „Zeppelin" um seine Schultern werfen! Ein begeisterter Zuckerbäcker in Friedrichshafen stellte eine Nachbildung des Luftschiffes in schönstem Z u c k e r g u s s her und gab ihr die Inschrift: „Hoch Zeppelin!" Ein Kaufmann in Konstanz verkaufte einen besonderen Zeppelin-Huldigungsschmuck: eine goldene B r o -s c h e , die das Bild des Grafen trug. Ein Gartenverwalter errang einen neuen, aufsehenerregenden Züchtungserfolg in Form einer prachtvollen, hochwachsenden B l a t t - B e g o n i e . Diese neueste Züchtung wurde nun mit Genehmigung des Grafen mit seinem Namen benannt. Und Zeppelin, als besonderer Freund der Natur, ließ dem genialen Gartenverwalter seinen besonderen Dank für diese eigenartige Huldigung ausdrücken. Eine feine Marke K a f f e e bezeichnete ein Kaufmann nunmehr „Zeppelin-Kaffee" und annoncierte dazu, dass dies mit ausdrücklicher Genehmigung Seiner Exzellenz geschähe.

Sinniger als diese geschäftlichen Reklamen fanden wir, dass einzelne Straßen und Plätze fortan mit dem Namen des Grafen benannt wurden. So nannte man z.B. eine Straße in Donaueschingen „Z e p -p e l i n - S t r a ß e ". In der Stunde gemeinsamen Unglücks hatte der Graf als einer der Ersten eine schöne Liebesgabe für die Brandbeschädigten in Donaueschingen gesandt. Da war nun diese Ehrung besonders passend. In der deutschen Reichshauptstadt gab es einen „Z e p p e l i n - P l a t z " und in Frankfurt a. M. prächtige „Z e p p e -l i n - A n l a g e n ". Und wie haben sich seitdem erst die „Zeppelinstraßen" gemehrt! Es gibt fast keine Stadt mehr, wo nicht auf diese Weise irgendwie sein Name „verewigt" ist.

Auch eine Anzahl Z e p p e l i n - M e d a i l l e n wurden hergestellt. So z.B. diejenige von E. Torff. Sie trägt auf der Vorderseite das Porträt des Grafen mit der Inschrift: „M e i n L e b e n e i n K a m p f " und auf der Rückseite ist ein bekränzter Jüngling auf geflügeltem Ross, der sich in die Lüfte erhebt, nachdem er die Chimära überwunden hat. Oben ist das von der Sonne bestrahlte Luftschiff und die Inschrift: „4. und 5. August 1908". Eine andere Medaille zeigt auf der Vorderseite den Kopf des Grafen mit der Inschrift: „Z i e l e r k a n n t – K r a f t g e s p a n n t ". Die Rückseite bringt das Straßburger Münster und in den Lüften davor den „Z. 4".

Das Luftschiff über Straßburg
In unmittelbarer Nähe des mit Flaggen geschmückten Münsters
(Nach einer Photographie von Dr. Hollerieth, Straßburg)

Der 70. Geburtstag des Grafen

Post nubila jubila.

D er 8. Juli 1908 ist für die Bewohner der Bodenseegegend, besonders für Konstanz und das benachbarte Schweizerdorf Emmishofen, ein unvergesslicher Tag. Graf Zeppelin feierte seinen 70. Geburtstag, geehrt und bewundert von der ganzen Welt. War doch gerade die große Schweizerfahrt (am 1. Juli) vorausgegangen und der endgültige Sieg seines Systems damit glänzend bewiesen. Der Graf war am Samstag (den 4. Juli) vor seinem Geburtstag von Friedrichshafen her auf seinem Landgut Girsberg eingetroffen. Dort und in Konstanz fanden die Feierlichkeiten statt. Auf der „Insel" wurde ihm von einer Abordnung der Stadtverwaltung mit dem Oberbürgermeister Dr. Weber an der Spitze der Ehrenbürgerbrief der Stadt Konstanz überreicht. Die auf Pergament geschriebene, von Goldornamenten umrahmte Urkunde, entworfen und ausgeführt von der Kunstanstalt Schmidt-Pecht, befindet sich in einem auf vier Kugelfüßchen stehenden pultartigen Kästchen, welches mit hellgrauem Leder bezogen und mit reichem, versilbertem und vergoldetem Metallbeschläg verziert ist. Die Seitenwangen decken durchbrochene, freigetriebene Lorbeerzweige, während die als Deckel aufgehende Vorderseite Eckverzierungen, die Jahreszahlen 1838–1908 und das Stadtwappen zeigt, das ein Ring mit der Inschrift „die Stadt Konstanz" umgibt. Von der Urkunde geht eine seidene Schnur in den Konstanzer Farben durch den Deckel und trägt in schwarzer Kapsel das alte Stadtsiegel. Die Urkunde lautet: „Wir, Bürgermeister und Rat der Großherzoglich Badischen Kreishauptstadt Konstanz, ernennen Kraft dieser Urkunde in Ausführung eines einmütigen Beschlusses der Bürgerschaft zum E h r e n b ü r g e r den heute vor 70 Jahren geborenen Sohn unserer Stadt: Seine Exzellenz den General der Kavallerie z. Dr. Ing. G r a f F e r d i n a n d v o n Z e p p e l i n , den ruhmreichen Reiteroffizier, den tatkräftigen Ingenieur und bahnbrechenden Erfinder auf dem Gebiet der Luftschiff-fahrt." Auch die Stadt S t u t t g a r t ernannte den Grafen an diesem Tage zum Ehrenbürger, nachdem die Stadt Friedrichshafen dies schon im vorhergehenden Jahre getan hatte.

Das Festessen am Geburtstage auf der Insel, das ursprünglich nur ein Familiendiner sein sollte, gestaltete sich zu einem offiziellen Fest-mahl, woran auch die Vertreter des Königs von Württemberg und der württembergischen Ständekammer teilnahmen. Ein Verwandter des Grafen, Generalleutnant von Zepelin, überreichte dem Gefeierten ein Photographiealbum, worin sich etwa 70 Bilder von der in Nord und Süd weitverzweigten Familie befinden. Hoch gingen die Wogen der Begeisterung und zahlreich waren die Bezeugungen des Vertrauens und der Dankbarkeit von allen Seiten.

Gar schön gestaltete sich dann auch die Feier auf S c h w e i z e r -b o d e n am Abend dieses Tages. Nachdem der Graf mit seiner Fami-lie durch den beflaggten Ort Emmishofen gefahren war, nahm er in einem Kreise vertrauter Freunde auf seinem Landgute das Abendes-sen ein. Während desselben sammelte sich draußen eine immer grö-ßer werdende Volksmenge an, bis dann um 21.30 Uhr ein solenner Fackelzug mit mehreren Hundert Mann eintraf. An der Spitze mar-schierte die Ortsbehörde, die nun dem Grafen feierlich gratulierte und den Wunsch aussprach, er möchte noch viele Jahre im Kreise seiner Familie der Gemeinde Emmishofen erhalten bleiben. Verschiedene Gesangvereine brachten ihm Huldigungen dar. Und der Graf sprach sichtlich gerührt und erfreut zu der Menge, die etwa 4 000 zählte: Als er jüngst sein Flugschiff durch Helvetiens Gaue gelenkt habe, da sei es ihm eine Freude gewesen, das H e r z   d e r   S c h w e i z zu betrach-ten, und er habe sich gesagt: Kaum gibt es etwas Schöneres als dieses Land. Nun aber sei er zu der Überzeugung gekommen, es gäbe doch noch etwas Schöneres, nämlich das H e r z   d e r   S c h w e i z e r . Sein Hoch galt der schönen Schweiz, seinem lieben zweiten Heimatland. Damit hatte es der Gefeierte den Schweizern getroffen. Ein brau-sender, fast nicht enden wollender Beifall brach los. Ein großartiges Feuerwerk, von der trefflichen pyrotechnischen Firma Alois Müller & Söhne in Emmishofen geleitet, bildete den schönen Schluss dieses Abends. Zuletzt kamen die Initialen „F. 70 Z." mit der Grafenkrone darüber, und einen Augenblick leuchtete noch die Krone allein gegen den nächtlichen Himmel auf.

Der Graf war tief gerührt. Er zog seine Schwester, die schon mehrfach erwähnte Frau Präsident von Gemmingen, auf die Seite und sagte: „Eugenie, ist das nicht zu viel Ehre für mich?" Diese aber antwortete: „Ferdinand, nimm Du das nur ruhig aus Gottes Hand, für die nötigen Demütigungen wird Er schon sorgen." Das war am 8. Juli 1908, und am 4. August, also wenige Wochen später, war der Tag von Echterdingen. So ließen also in der Tat die Demütigungen nicht lange auf sich warten.

Das Losungsbüchlein der Brüdergemeine hatte an diesem Tage das Losungswort: „Die auf den H e r r n h a r r e n , kriegen neue Kraft, dass sie a u f f a h r e n m i t F l ü g e l n wie Adler, dass sie laufen und nicht matt werden, dass sie wandeln und nicht müde werden." Jesaias 40, 31. Wie trefflich passte das doch für den Grafen und sein nun vollendetes Werk! Es prangte denn auch dieser Spruch mit großen Silberbuchstaben an einer Eingangspforte von Blumengewinden auf dem Hofe des Girsbergs. Die Tochter des Hauses hatte dafür gesorgt, dass das Auge des Vaters sogleich auf dieses Schriftwort fiele, wenn er am Morgen seines Geburtstages sein Fenster öffne und hinaussehe auf die geliebte Stätte seiner Jugend und seines Alters.

Aber nicht nur die örtliche Umgebung des Grafen nahm den innigsten Anteil an seinem Ehrentage; nein, von überallher liefen die Telegramme und Glückwunschschreiben ein. Der Telegraph war von früh bis spät diesseits und jenseits der Schweizergrenze für ihn beschäftigt. Telegramme von den Fürstlichkeiten wechselten mit denjenigen namhafter Gelehrter und schlichter Verehrer aus dem Volk. Es mögen im Ganzen etwa 800 gewesen sein, und der Graf hatte Mühe, alle diese Grüße zu lesen. Wie gönnte man ihm allgemein diese ungeteilte, neidlose Mitfreude nach so viel vorausgegangenen Kämpfen und Sorgen! Etliche Wochen nach dem Geburtstag sah sich der Graf genötigt, in den Zeitungen eine a l l g e m e i n e D a n k s a g u n g zu veröffentlichen, worin er es aussprach, wie sehr ihn all die vielen Beweise von Liebe und Anerkennung gefreut hätten, er sähe aber nunmehr ein, dass es ihm unmöglich wäre, jedem Einzelnen zu danken, da seine Arbeiten für das Luftschiff nun wieder seine ganze Kraft und Zeit in Anspruch nehmen müssten.

Post nubila jubila – nach den Wolken der Jubel, nach dem Leid die Freude. Das galt auch bei ihm. Die lichte, klare Sonne hatte das dunkle Gewölk durchbrochen und strahlend umleuchtete sie ihn nun.

Cedo nulli – ich weiche keinem. Dieses Wort, das der junge Johann Hinrich Wichern einst auf die erste Seite seines Tagebuchs schrieb, rief ich an jenem Abend dem Grafen zu. Er dankte mir überaus herzlich, setzte aber hinzu: Wenn er überzeugt sei vom Gegenteil, könne er allerdings auch seine Meinung ändern.

Das Schlossgut Girsberg bei Emmishofen

Zeppelin und die Jugend

Was ist das Schaffen ohne Wissenschaft?
Und was ist Wissen, das nicht Werke schafft?
Ein toter Schatz, ein kümmerlich Bemühn,
Aus denen nimmer Leben kann erblühn!
Doch wo sich beides eint zu e i n e r Macht,
Da ist des Lebens junger Tag erwacht
Und überstrahlt mit neuem Licht die Erde,
Als riefe Gott zum zweiten Mal sein – Werde!

Dass der jugendliche Greis mit seinem Werk es besonders der J u g e n d getroffen hat, ist begreiflich. Schon sein kühner Ritt im Deutsch-Französischen Krieg hatte ihn zum Liebling der jungen Welt gemacht. Und erst recht seine Erfindung! Der kühne Mut, das energische Schaffen, der geniale Gedanke, der bedeutende Erfolg – das alles musste ihn ja in hohem Maße zum Freund der Jungmannschaft machen. Und der Mann gehörte auch zur Jugend trotz seiner 70 Jahre. Er hatte ein junges Herz und eine jugendliche Spannkraft; er hatte einen frischen, fröhlichen Sinn und ein kindlich frommes Gemüt. Er konnte nicht „alt" werden; denn er war ein Baum, gepflanzt an den Wasserbächen. Anlässlich einer Familienfeier forderte ein Vetter den Grafen auf, sich nun endlich einmal „a l t " zu fühlen, da lehnte er aber höflich dankend diese Zumutung ab, ja er war entrüstet darüber und bewies das Gegenteil durch fortgesetzte angestrengte Arbeit.

Als im Herbst 1907 der Graf seine herrliche Fahrt über den Bodensee und Konstanz gemacht hatte, sandte ihm bald darauf ein Oberprimaner der Oberrealschule eine hübsche Zeichnung seines Schiffes. Wie das den kühnen Luftschiffer freute! Er wusste dem jungen Zeichner zu danken. Er lud nicht nur ihn, sondern seine ganze Klasse mitsamt der Lehrerschaft nach Manzell ein. Dort zeigte er ihnen die Halle und das Schiff, ließ sie im schönen Immenstaad am See bewirten und redete zu ihnen Worte der Liebe. Wie haben sie da in sein goldenes Herz hineingeschaut und seinen edlen Sinn verspürt! Da mag wohl der eine oder andere unter ihnen in jenen schönen Stunden den Vorsatz fest gefasst haben: Ich will auch so meine ganze Kraft einsetzen für das Werk, das ich zu tun habe. Und als am Vorabend des schönen 70. Geburtstages die oberen vier Klassen der Oberrealschule und des Gymnasiums in Konstanz dem Hochgefeierten auf der Insel einen solennen Fackelzug darbrachten, da wendete sich sein volles Herz mit trefflichen Worten wieder an die Jugend: Mit Gottes Hilfe habe er sein Werk nur tun können; nicht jedem sei es gegeben, eine epochemachende Tat zu leisten. Aber darauf komme es ja auch gar nicht an, sondern vielmehr darauf, dass ein jeder in seinem Teil treu sei und sein Werk tue mit Gott, dass er seine ganze Kraft daran wende; dann werde es jedem auf seine Weise gelingen. Der Wissenschaft, der Arbeit und der Treue galt sein Hoch. Brausend erklang das Deutschlandlied über Rhein und Bodensee dahin, als der Graf mit seiner Tochter im kleinen Boot auf den Fluten schaukelte und das kommende Geschlecht von der Rheinbrücke aus seine Fackeln hinunterwarf. D a h a t d i e J u g e n d v o n K o n s t a n z e i n e n g r o ß e n A u g e n b l i c k e r l e b t. Und als der Jubel der Begeisterung sich gelegt hatte und das kurze Zischen der Fackeln im Rheinstrom vertönt war, da war es stille Nacht geworden ringsum. Möchte es auch still geworden sein in den Herzen der jungen Welt, dass die goldenen Worte eines großen Mannes noch lange nachtönen und sie auch in späteren Tagen daran gedenkt, dass man Großes nur leisten kann mit Dahingabe der ganzen Kraft und dass man zu großen Taten die Hilfe des H ö c h s t e n bedarf.

Am Geburtstagsmorgen war es bereits wieder ein Teil der Konstanzer Jugend, der mit einer Abteilung der Regimentsmusik zum schönen Landsitz des Grafen auf Schweizerboden pilgerte, um dort dem Hochverehrten ein Ständchen zu bringen. Der Choral: „Lobe den Herrn, den mächtigen König der Ehren" eröffnete den Reigen. Auch da sprach der Nimmermüde zur Jugend.

Aber nicht nur die Konstanzer Jugend erglühte in warmer Begeisterung und Liebe für den Grafen. Überall hieß es unter dem jungen Geschlecht: Er ist unser! Als der kühne Aeronaut am 1. Juli 1908 seine zwölfstündige Fahrt durch die Schweiz machte, da waren die großen und kleinen Schüler nicht mehr zu halten. Aus Zürich wird von einem Lehrer in der „Zürcher Post" erzählt:

„Tief neigen sich die Köpfe der Schüler auf ihre Hefte. Bei der Hitze wollen sich die Gedanken nur schwer zu Sätzen fügen. Verzweifelt kaut da einer am Federhalter und starrt ins Blaue, als ob er einen guten Einfall von dorther erwartete. ‚Herr Lehrer! Herr Lehrer!‘, platzte es plötzlich laut heraus, ‚ein Luftschiff! ein Luftschiff!‘ ‚Was, ein Luftschiff‘, werfe ich tadelnd ein. ‚Doch doch – ein Luftschiff, da fliegt's!‘ Richtig ein riesiges Ungetüm schwebt ganz nahe am Schulhaus vorüber, und zwar so tief, als ob seine Insassen Einsicht von einer zürcherischen Schulstube nehmen wollten. Jetzt gab's kein Halten mehr. Zu den Fenstern stürzte die plötzlich wach gewordene Schar; eine zweite Klasse drängt herein, die das Wunder auch sehen will. ‚Ist das der Zeppelin?‘, fragten mit einem Schlage Dutzende neugieriger Mäulchen. ‚Gewiss ist das der Zeppelin; wer könnte es sonst anders sein? Wir Schweizer besitzen kein lenkbares Luftschiff, und ein solches ist es ja, seht nur, wie es schwenkt und sich dreht.‘ Die Kinder sind Aug und Ohr. Die einen hören das Surren der Propeller, die andern wollen Rauch aufsteigen sehen. Wieder andere fragen nach dem Steuer und ähnlichen Vorrichtungen. Doch schnell wird es wieder still, wenn das Schiff eine neue Bewegung ausführt. Es fällt plötzlich vom nordöstlichen Kurs ab und dreht westwärts. Man sieht, es will die Einsattelung des Milchbuckes gewinnen. Trotz des ziemlich starken Windes gehorcht das Fahrzeug wie ein williges Pferd sicher seiner Führung, und der findige Menschengeist triumphiert über die Tücken des Luftmeers. ‚Es fällt, es will sich auf den Kopf stellen‘, ruft erschrocken die Schar. Recht, es hat sich ganz nach vorn geneigt, es steht ganz schief, auch uns Alten wird es kitzelig zumute; doch bald erlangt es wieder die normale Lage, um sich nach einigen Minuten mit seinem hinteren Ende zu senken. Bald kehrt es uns die Längsseite, bald das hintere Ende zu und gibt so hübsche Proben seiner Lenkbarkeit. ‚Es sinkt, sie wollen gewiss landen, es ist nur noch halb zu sehen, ach, jetzt ist es ganz verschwunden! Kommt es nicht mehr, sind die Männer bei Orlikon[9] ausgestiegen?‘,

---

9   Anm. des Verlags: Gemeint ist der Züricher Stadtteil „Oerlikon", bis 1934 noch selbstständige Gemeinde.

so wird gefragt. Noch eine Weile haften die Blicke harrend an Zürichs großem Einfalltor; doch bald flattert das schwatzende und fragende Volk an seine Plätze und nimmt nach der Pause seine Schularbeit wieder auf. Eine Weile später überbringt ein Schüler freudestrahlend ein Zeichnungsheft. Darin steht ein regelrechter ‚Zeppelin‘, nichts ist an ihm vergessen, von einem Schüler hingeworfen, der sich beim Klassenzeichnen sonst noch nie als großer Künstler aufgetan hatte. So hat die junge Generation das erste lenkbare Luftschiff geschaut. Was wird sie noch alles sehen können, bis sich das erste Grau auch in ihrem Haare zeigt?"

Und weil der Graf St. Gallen auf seinem großen Fluge nicht berührt hatte, so sandte ihm die dortige Schuljugend eine mit mehr als 800 Unterschriften bedeckte Bittschrift, er möchte doch beim „St. Galler Jugendfest" am 14. Juli eine Fahrt über ihre Stadt machen. Dem Wunsche konnte er nun freilich nicht entsprechen; aber gefreut hat ihn diese Einladung doch. Und wenn es nach seinem Herzen gegangen wäre, dann hätte gewiss der Schwerpunkt des St. Galler Jugendfestes diesmal in der Luft gelegen. Ein höherer Lehrer in St. Gallen schrieb mir nachher: „Die St. Galler Jugend hat an ihrem Feste oft und viel vom Rosenberg aus nach Manzell hinübergeschaut und mich wiederholt gefragt: ‚Chunt ächt de lieb Zeppelin zu-n-is ufe?‘ (‚Kommt wohl der liebe Zeppelin zu uns herauf?‘) Wäre das eine Freude gewesen!"

Von überallher kamen von Schülern und Studenten Karten und Briefe an den Grafen, die alle Bewunderung und Begeisterung atmeten.

Am Sonntag nach der großen Schweizerfahrt waren in Bern etwa 300 Polytechniker versammelt. Auch sie sandten ein Glückwunschtelegramm an Zeppelin, um ihm ihre Hochachtung auszudrücken.

Durch die Presse lief auch folgendes Geschichtchen aus der „Leipziger Lehrerzeitung": „Im Physikunterricht einer Leipziger Bezirksschule war vom lenkbaren Luftschiff und seinem Erfinder die Rede. Es wird gefragt, wie man einen Mann nennt, der, wie Graf Zeppelin, ohne auf seinen Nutzen bedacht zu sein, hartnäckig sein Ziel verfolgt, worauf prompt die Antwort erfolgt: ‚Das ist ein Nichtsnutz!‘ Der Lehrer glaubte mit diesem originellen und diesmal wirklich wahren Schulwitz dem Erfinder eine Freude machen zu können. Das ist gelungen. Eine am 1. Juli aus Friedrichshafen abgesandte Ansichtspostkarte: ‚Das Luftschiff des Grafen Zeppelin bei seiner Landung‘ trägt in markigen Schriftzügen die Worte: ‚Der Nichtsnutz dankt bestens für die freundliche Mitteilung der komischen Antwort.‘ "

Besonders glänzend gestaltete sich aber die Fahrt der T ü b i n - g e r   S t u d e n t e n nach Friedrichshafen. Und davon soll jetzt noch erzählt werden. Es war am Samstag, den 18. Juli, als gegen Mittag ein Extrazug aus der württembergischen Universitätsstadt in der schönen Sommerresidenz des Königs am Bodensee eintraf. Mehr als 700 Professoren und Studenten entstiegen dem Zug. Das war ein buntes Leben und Treiben in den Straßen von Friedrichshafen. Was schadete der fröhlichen Jungmannschaft das ungünstige Wetter, das gerade an diesem Tage herrschte. Wollten sie dem „Mann der Tat", der ruhig und fest sich erwiesen hatte mitten in stürmischen Wogen, ihre Huldigung darbringen, dann durften sie auch schon etwas von Sturm und Regen leiden. Das passte ja zum Mann und zur Sache. Der allgemeinen studentischen Ovation ging ein Begrüßungsakt der naturwissenschaftlichen Fakultät voran. Diese überreichte dem Grafen in feierlicher Abordnung das D i p l o m   e i n e s   E h r e n d o k t o r s . Dieses Diplom, welches der derzeitige Dekan der naturwissenschaftlichen Fakultät Professor Dr. Wislicenus in Begleitung der Professoren Dr. von Brill, Dr. von Vöchtling und Dr. Paschen mit einer Ansprache überreichte, ist in Latein, in der klassischen Sprache Ciceros, verfasst und lautet zu Deutsch:

„Dem Mann, der, mit Kraft des Geistes und wahrer Wissenschaft erfüllt, unbekümmert um Ruhm und Ehre bei den Leuten, seine mühevollen Studien und Versuche mit ausdauernder, tapferer Seele und nicht ohne große Beschwerden fortführte, bis er nach 35 arbeitsreichen Jahren seine Erfindung des leicht dem Steuer gehorchenden Flugschiffs und damit ein Werk vollbrachte, vollkommener, als bisher irgendwo bekannt war, sodass er den Menschen auch das Meer der Luft zur Fahrt und Beherrschung erschloss – diesen um das ganze Menschengeschlecht wie um das Vaterland hochverdienten Mann ernennt die Fakultät an seinem 70. Geburtstage ehrenhalber zum Doktor der Naturwissenschaften mit der besten Gratulation und herzlichen Wünschen für ein rüstiges Alter und spricht die Ernennung durch dieses Diplom aus."

Nun begab sich der ganze Zug der Tübinger Studentenschaft in vollem Wichs und mit flatternden Fahnen zum Hotel des Grafen „zum Deutschen Haus". Das Korps „Suevia" in seinen hochroten Pekeschen schritt voran. Dann kamen die „Franken" in frischem Grün, die „Ulmer" in ihrem leuchtenden Gelb, gefolgt von der ganzen übrigen Farbenskala der Tübinger Universität. Auf dem Balkon erwartete sie der Gefeierte. Böllerschüsse ertönten, als die Massen sich sammelten. Dann trat, als Sprecher der Studentenschaft, der stud. jur. Steffen vom Korps „Suevia" vor und hielt eine Ansprache. Er sagte u.a.: Es erfülle die Studenten mit Stolz, dass es einem D e u t s c h e n gelungen sei, das Problem zu lösen, das seit Jahrzehnten die erlesenen Geister aller Nationen bewege. Und dass es ein Schwabe sei, das sei für die Tübinger Studenten ein ganz besonderer Anlass, dem Grafen ihre Huldigung darzubringen. Als der Student geschlossen hatte, da erdröhnte ein begeistertes dreimaliges Hoch. Die Schläger klirrten, die Böller krachten und die Fahne neigte sich zum ehrerbietigen Gruß.

In sichtlicher Bewegung, aber glückstrahlenden Auges ergriff der G r a f das Wort: „Aus ganzem Herzen danke ich der Studentenschaft unserer Landesuniversität. Ich heiße sie hier willkommen und danke für die ganz ungewöhnliche, meine Verdienste weit überhebende Auszeichnung und Ehrung. Gern hätte ich Ihnen mein Luftschiff im Fluge vorgeführt, aber wegen eines k l e i n e n M i s s g e s c h i c k s, das uns betroffen hat, ist es leider zurzeit unmöglich. So bleibt mir nichts übrig, als Sie zu bitten, sich auf meine Dampfboote im großen Dampfschiffhafen einschiffen zu wollen, um sich meine Sache anzusehen. Also auf Wiedersehen, meine Herren!" Nochmals jubelte es begeistert zum Balkon empor. Es war eine Huldigungsfeier, wie sie Friedrichshafen wohl noch nicht erlebt hatte. Im Anschluss daran begab sich eine Abordnung, bestehend aus dem Rektor der Universität Prof. Dr. G a r b e, dem Kanzler Prof. D r. v o n R ü m e l i n, dem Führer der Huldigungsfahrt Prof. Dr. B ü r k e r und den Mitgliedern des Studentenausschusses stud. jur. S t e f f e n -„Suevia", stud. theol. S e e b e r g -„Franconiae" und stud. phil. P i s t o r i u s -„Ulmiae", in das Zimmer des Grafen, wo der Rektor Prof. Dr. G a r b e in einer A n s p r a c h e an den Grafen etwa Folgendes ausführte: „Ew. Exzellenz[10] haben soeben vernommen, wie wir alle, Tübinger Universitätslehrer und Studenten, die wir heute gekommen sind, um Ew. Exzellenz zu huldigen, erfüllt sind von der gleich glühenden Begeisterung für Ew. Exzellenz und das, was Ew. Exzellenz vollbracht haben. Wir sind stolz und glücklich darüber, dass Ew. Exzellenz uns gestattet haben, Ihnen unsere ehrerbietigen Glückwünsche darzubringen. Für jeden von uns bedeutet es ein unvergessliches Erlebnis, dass wir Auge in Auge dem Manne gegenüberstehen dürfen, der e i n e   n e u e   E p o c h e in unserem Kulturleben begründet hat. Kürzlich erfuhren wir aus den Zeitungen, dass Ew. Exzellenz 70 Jahre alt geworden seien, aber diese Nachricht war falsch. Ew. Exzellenz sind nicht 70 Jahre a l t , sondern 70 Jahre j u n g , und deshalb dürfen wir uns der Hoffnung hingeben und den herzlichen Wunsch aussprechen, dass es Ew. Exzellenz noch jahrzehntelang beschieden sein möge sich des Segens zu erfreuen, der aus der Erfindung Ew. Exzellenz für das deutsche Vaterland hervorsprießen wird." In seiner Erwiderung gab der Graf in herzlichen Worten und sichtbar mit seiner inneren Bewegung kämpfend, seiner tiefen Ergriffenheit Ausdruck. Seine Verdienste würden hier zu hoch veranschlagt. Er sei sozusagen nur der blinde Ausführer dessen, was ihm die V o r s e h u n g aufgetragen habe. Er fühle sich nur als das W e r k z e u g , und wenn er gerade auf das verfallen sei, was der Menschheit zum F r i e d e n gereiche, so sei er eben nur ein ausführendes Organ der Vorsehung gewesen, die ihn dazu getrieben habe, dieses Wert anzugreifen. – Nach dem Huldigungsakt verteilten sich die Teilnehmer auf die verschiedenen Gasthäuser der Stadt zum Mittagsmahl. Zu der Mittagstafel des Grafen waren der Rektor und der Kanzler der Universität, die Mitglieder der naturwissenschaftlichen Fakultät und des Studentenausschusses geladen.

Am Nachmittag um 16 Uhr begab sich dann die große Schar zum Hafen, um der Einladung des Grafen zu einer Dampferfahrt nach M a n z e l l Folge zu leisten. Dicht besetzt mit fröhlichen Akademikern waren die beiden stattlichen Dampfer „Württemberg" und

---

10   Anm. des Verlags: alte Abkürzung für „Eure Exzellenz", die in Deutschland bis Anfang des
      20. Jahrhunderts verwendet wurde. Abgeleitet vom frühneuhochdeutschen „ewer".

„Königin Charlotte". Die Studenten ließen ihre Freude durch manches Lied erschallen, dass es weithin gehört ward auf dem schönen Bodan und an seinen Ufern. Als sie sich der Halle näherten, erklang das Lied: „Deutschland, Deutschland über alles, über alles in der Welt."

Nun tritt man ein in den Riesenraum der Halle. Sie ist nicht zu klein, sie kann sie alle fassen. Da lag der große Flugschiffkörper vor den erstaunten Blicken. Der Erfinder selbst macht den Führer, ihn unterstützen dabei sein Neffe und sein Oberingenieur. Alles wird erklärt; auch die Motoren ließ man laufen. So bekamen die Studenten einen allseitigen Einblick in das wunderbare Fahrzeug. Nur eines blieb ihnen versagt, das Schiff im Fluge durch die Lüfte eilen zu sehen, weil es gerade der Reparatur bedurfte.

Am Abend war F e s t k o m m e r s , und zwar ein solcher, wie man ihn auf den Universitäten trotz aller Feierlichkeit nicht leicht erlebt; denn nicht nur der Hochgefeierte war anwesend, sondern auch der K ö n i g erschien. Dieser trug die Mütze und das Band der Tübinger Schwaben, auch das Band der Göttinger Bremenser hatte er angelegt. Frisch und fröhlich erklang als Huldigungslied für den Grafen: „Preisend mit viel schönen Reden ihrer Länder Wert und Zahl".

Darauf folgte ein vom Rektor Magnificus Prof. Dr. G a r b e ausgebrachtes Hoch auf den König, das jubelnden Widerhall fand und dem die Königshymne folgte.

Der K ö n i g hieß nun die Versammelten in seiner zweiten Residenz freundlich willkommen und kommandierte mit studentischem Schneid „einen kräftigen Schoppensalamander". Ein langer Begeisterungssturm brach los. Als dieser sich gelegt hatte, sang man ein Reiterlied, weil man doch den ehemaligen Reitergeneral ehren wollte: „Wohlauf, Kameraden, aufs Pferd, aufs Pferd!" Und mancher mag sich dabei wohl schon an ein Reiterstück aus dem Siebziger Krieg erinnert haben, das auch heute noch jeder deutsche Jüngling kennt. Nun folgte die Festrede auf Zeppelin. Stud. phil. P i s t o r i u s hielt sie; er erinnerte zunächst an jenen Rekognoszierungsritt des Grafen und kam dann auf den jüngsten „Schwabenstreich" Seiner Exzellenz zu sprechen, den er durch die zwölfstündige Schweizerfahrt gemacht habe.

Dann sprach Graf Z e p p e l i n : „Für die außerordentliche Auszeichnung, welche die Landesuniversität durch ihr Erscheinen ihrem
jüngsten Doktor von 99 Semestern erweist, spreche ich aus vollem,
bewegtem Herzen innigen Dank aus. Meine Freude hat sich freige-
rungen von dem bedrückenden Gedanken, dass alle diese Ehrungen
einer weitgehenden Überschätzung meiner Leistungen entspringen.
Gründet sich mein Tun doch nur auf die exakten Wissenschaften und
bedurfte es nicht der hohen Geistesarbeit philosophischer Spekula-
tion. Ich brauchte mir nicht Überzeugung und Glauben zu suchen,
sondern Rechnung, Logik und Versuche reihten eine Gewissheit an
die andere. Und wenn man die Gewissheit hat, dass man zum Ziel
gelangen kann, dann ist es kein Verdienst mehr, auch zu dem Weg zu
gelangen. So habe ich das volle Bewusstsein, dass die Begeisterung,
die mir von Ihnen und aus allen deutschen Gauen entgegengebracht
wird, nicht auf einer Überschätzung meiner Leistungen beruht, sondern dem W e r k z e u g gilt, das berufen war, etwas zu schaffen,
wonach die ganze Welt sich lange gesehnt hat. Ich kann mich diesem
beglückenden Gefühl mit Dank hingeben; denn es gibt mir die Zuversicht, dass das Instrument, das ich schaffen durfte, aufgefasst und aus-
genutzt wird zum Segen und zum Vorteil des Deutschen Reiches. Die
Wissenschaft wird sich der Sache annehmen, die Technik wird die
nötige Vervollkommnung herbeiführen, die Naturwissenschaft wird
die Gesetze, welche die Leistungen bedingen, klarlegen, die Erd- und
Völkerkunde wird das Instrument, das ihr ganz besonders zu statten
kommt, ausnutzen, die Volkswirtschaft wird zunächst zeigen, wie das
deutsche Kapital ungesäumt zuzugreifen hat, um den Vorteil auszu-
nutzen, der darin liegt, dass wir das erste wirklich brauchbare Fahrzeug besitzen. Die Rechtswissenschaft wird die Vorschriften und die
internationalen Verträge finden – jawohl, meine Herren, lachen Sie
nur – wie die Luftschifffahrt zu weiteren Verbindungen und zum friedlichen Verkehr der Völker sich ausbilden lässt. So habe ich denn die
herrliche Aussicht, dass das Unternehmen, das ich begonnen habe,
sich weiter ausbauen wird zum Segen des deutschen Volkes. Dafür
ist mir Bürgschaft, wenn ich sehe, wie die wissenschaftliche Welt, die
Meister und ihre Jünger, die Professoren und die Studenten, begeistert
die neue Aufgabe auffassen. An die Spitze der Bewegung haben sich

Professoren und Studenten der Universität Tübingen gestellt. Ich bitte Sie, dass Sie meinem Dank dafür Nachdruck verleihen, indem Sie mit mir einstimmen in den Ruf: Tübingen lebe! Hurra! Hoch!"

Prof. Dr. Wislicenus feierte nun den Grafen in einer Rede und meinte, von „jungen Doktoren" erwarte man noch vieles. Und da der Graf noch so jugendlich frisch sei, so sei diese Erwartung auch wohl hier angebracht. Ein dreifaches Hurra brachte er dem Ausbau der Luftflotte und ihrem Kommandeur. Auch ein eigenes Festlied war diesen Tag gedichtet worden, das wurde nun nach der Melodie „Du Schwert an meiner Linken" gesungen.

Noch einmal sprach der Gefeierte: Es sei die Frage an ihn gerichtet worden, ob er nicht auch über Tübingen fliegen werde. Das könne er aber leider noch nicht versprechen. Wie die Segelschifffahrt, so sei auch die Luftschifffahrt von den Winden abhängig; auch frage es sich, ob er auf seiner großen Fahrt noch den Umweg über Tübingen machen könne. Sein Hoch galt der naturwissenschaftlichen Fakultät Tübingen und ihrem Dekan. Nun sollte die Rückfahrt per Extrazug erfolgen. Doch zuvor gab es noch einen Extrazug sonderlicher Art. Als der Graf seinen Wagen bestieg, um zu seinem Hotel zu fahren, wurden schnell die Pferde ausgespannt, und die begeisterten Studenten zogen den Wagen bis zum „Deutschen Haus". Das war der schöne Schluss der Ovation. Bald darauf war es still geworden im schönen Friedrichshafen. Ein langer Zug verließ den Bahnhof im nächtlichen Dunkel. Doch ewig jung – bleibt die Erinnerung.

Zweimal ist der Jugend das seltene Glück zuteil geworden, die Halle in Manzell zu betreten. Die Konstanzer Oberrealschüler und die Tübinger Studenten durften hinein. Viele andere haben es versucht, und es ist ihnen nicht gelungen. Aber der Graf hatte mit dieser Zurückhaltung völlig recht. Denn wie konnte er all solchen Bitten, die fast täglich an ihn herantraten, Gehör schenken! Wir hätten heute noch kein solches Fahrzeug, wenn er es getan hätte. Es widerstand auch völlig seiner demütigen Gesinnung und seiner ausgesprochenen Neigung, in der Stille zu arbeiten und etwas Ganzes zu schaffen, ehe er damit an die Öffentlichkeit trat. Als im Herbst des Jahres 1907 etliche Journalisten ihn bestürmten, da gab er ihnen zur Antwort: „Ich bin kein Zirkusreiter; ich mache meine Versuche für mich." Gerade weil er so selbstlos fürs Allgemeinwohl arbeitete, musste er sich selbst und dem anstürmenden Publikum weise Beschränkung und Selbstverleugnung auflegen.

Ein paar hübsche Geschichtchen, die von dem warmen Interesse der K i n d e r zeugen, sollen hier noch nachgetragen werden. Ein kleines Mädchen sandte nach der Echterdinger Katastrophe sein Struwelpeterbuch an den Grafen und schrieb dazu: „Ich schicke Dir hier mein Struwelpeterbuch, um Dich zu trösten, weil Dein Luftschiff verbrannt ist!" Ein anderes Mädchen sandte ganze 25 Pfennig als seine Ersparnisse, damit der Graf wieder ein neues Luftschiff bauen könne. Ein ganz armer, kleiner Knabe brachte auf ein Zeitungsbüro 50 Pfennig; als er sie aus seinem Portemonnaie nahm, sagte er: „Ach, nehmen Sie gerade alles für den Grafen Zeppelin", und gab noch die übrigen darin befindlichen Pfennige her. Dadurch wurde der Sohn des Redakteurs so angeregt, dass auch er seine Ersparnisse gab und auf ein Vergnügen verzichtete, um dafür an die Nationalspende beizutragen. Ein anderes Kind schrieb an den Grafen: „Ich schicke Dir sehr gerne meine 20 Pfennige; schreibe mir doch, bitte, ob Du sie haben willst. Dann schicke ich sie Dir!" Der Graf ließ dem Kind durch seine Tochter schreiben, er wäre sehr dankbar, diesen Betrag für sein neues Luftschiff zu bekommen.

In einem andern Fall hatte ein kleiner Schwabe dem Grafen geschrieben. Zeppelin ließ ihm durch seine Tochter antworten. Daran kamen die folgenden Schreiben, die mir freundlichst zur Verfügung gestellt wurden. Da so viele unrichtige Zeppelin-Kinderkorrespondenzen in den Zeitungen herumgeboten wurden, teile ich gerne diese authentischen Schreiben mit:

L., 16. August 1908.

Liebe Fräulein Gräfin!

Ich danke vielmals für den prachtvollen Modellierbogen; ich darf ihn jedoch jetzt noch nicht machen, weil ich zu klein bin und ich etwas daran kaputt machen könnte. Die schöne Karte vom Herrn Grafen erfreute mich auch sehr. Papa ließ sie gleich fixieren, dass die Schrift durch das viele Anrühren nicht verwische. Wir waren in Echterdingen bei dem Brand des Luftschiffes, es war ein großer Jammer. Ich sah den Herrn Grafen unter den Trümmern stehen, und wirklich mach ich einen Aufsatz über den 5. August, ich bin schon auf Seite zwölf.

Es grüßt Sie herzlich, und besonders den Herrn Graf

Ihr dankbarer

H. K.

L., 16. August 1908.

Euer Hochgeboren

gestatte ich mir, unser aller innigsten Dank auszusprechen für den namenlosen Jubel, den die an unsern Kleinen abgesandte Karte Seiner Exzellenz des Herrn Grafen und der von Euer Hochgeboren abgeschickte Modellierbogen erregt haben. Dass Seine Exzellenz den unbeholfenen Ausdruck der liebenden Bewunderung eines Kindes überhaupt beachtet haben, war uns und allen unseren Freunden ein überwältigendes Zeugnis von der schlichten Größe dieses herrlichen Mannes. Wie sehr das Volk seinen edlen Grafen liebt, das erfuhren wir mit unserem neunjährigen Sohn erst in Echterdingen. Denn als der jähe Flammenstoß an dem wunderbaren Schiffe emporfuhr und sich die innersten Gefühle des Menschen in schmerzlichen Rufen offenbarten, da hörten wir wenigstens auf allen Seiten nicht das Wehegeschrei um das vernichtete Kunstwerk, sondern nur die Rufe: „Der arme Mann! Der arme Graf!" D e r E i n d r u c k d e r p e r - s ö n l i c h e n E i g e n s c h a f t e n e i n e s g e i s t - u n d c h a - r a k t e r v o l l e n M a n n e s w i r k t a l s o n o c h n a c h h a l - t i g e r u n d m ä c h t i g e r a u f d a s V o l k s g e m ü t a l s d e r s i n n e n f ä l l i g e A n b l i c k s e i n e r g l ä n z e n d e n S c h ö p - f u n g. Es ist mir eine besondere Freude, dass es mir als Lehrer vergönnt ist, auch in künftigen Zeiten der deutschen Jugend immer wieder zu erzählen, wie in den Sommertagen von 1908 der deutsche Idealismus sich wundervoll entfaltete, als es galt, einem Mann von echtem Adel der Geburt und des Geistes den Herzensdank darzubringen dafür, dass es ihm in wunderseltener Jugendfrische gelungen war, die im Volk allezeit lebendige Erinnerung an seine kühne Tat im großen Kriege mit einer Erfindung von weltgeschichtlicher Bedeutung zu krönen.

Und vielleicht mehr als wir ahnen, gebührt Euer Hochgeboren, verehrte Gräfin, der innige Dank des Volkes. Denn die Familie ist die heilige Quelle, aus welcher der der Arbeit und Bewunderung müde Held immer wieder neu gekräftigt emporsteigt.

So möge denn der k i n d l i c h e W u n s c h, den unsere beiden Kleinen ihrem Abendgebet angehängt haben, sich erfüllen:

Gott schütze und erhalte ihn,
Den lieben Grafen Zeppelin!

Gestatten Euer Hochgeboren die Versicherung meiner und meiner Familie vorzügliche Hochachtung, in der ich verbleibe.

Euer Hochgeboren

ganz ergebener

Dr. G. K.

Ein Denkmal für Zeppelin in Zepelin
Das mecklenburgische Dorf Zepelin bei Bützow ist der Stammort
des Grafengeschlechts Zeppelin. Dort wurde dem größten Sohne
dieses Geschlechts ein einfaches Denkmal errichtet.

Zeppelin als Mensch

Nur zwei Tugenden gibt's,
O, wären sie immer vereinigt!
Immer die Güte auch groß,
Immer die Größe auch gut.

S c h i l l e r.

Nicht selten muss man im Leben die schmerzliche Beobachtung machen, dass große Geister, Dichter und Erfinder, deren Werken man Bewunderung und ungeteilte Anerkennung zollte, beim persönlichen Verkehr in der Achtung sanken und als M e n s c h e n nicht das boten, was man hinter ihnen gesucht hatte. Das Gegenteil war beim Grafen Zeppelin der Fall. Wohl hat selten eine Erfindung mehr Bewunderung gefunden als sein lenkbares Luftschiff. Aber wir sagen doch nicht zu viel, wenn wir behaupten, dass uns seine Person noch weit größer dastand als sein Werk. Z e p p e - l i n a l s M e n s c h verdient unsere größte Hochachtung. „Der erste Eindruck", schreibt ein Verwandter, ein höherer norddeutscher Offizier, von ihm, „dem sich wohl ein jeder, der den Grafen kennenlernt, nicht entziehen kann, ist der eines vornehmen, selbstlosen und gegen jeden ohne Unterschied liebenswürdigen Mannes, dessen Bescheidenheit nur von seiner geistigen Bedeutung übertroffen wird. Dabei ist er trotz seines hohen Alters von einer körperlichen Elastizität und geistigen Spannkraft, die für einen Siebziger geradezu erstaunlich ist." Dies Urteil stimmt vollkommen. Seine Vornehmheit war nicht nur angeboren und anerzogen, sondern sie stammte aus seinem Innersten; er hatte einen e d l e n S i n n, der umso edler war, als er mit großer Demut und Bescheidenheit verbunden war. In dem Grafen war eine glückliche Vereinigung von Freundlichkeit und Festigkeit, von Milde und Strenge, von Güte und Ernst. Er ließ sich nicht beirren, weder durch Lob noch durch Tadel.

Will man einen Menschen kennenlernen, so muss man ihn nicht nur am Tage der Freude, aus der Höhe des Lebens sehen; sondern am Tage des Leidens, in des Lebens Prüfungen und Nöten. Nun wohl, solche sind neben hohen Freudenfesten dem Grafen in reichem Maße zuteil geworden. Wie manchen Kampf, wie manche Enttäuschung, wie viel Geduldsproben hat ihm sein Problem gebracht! Und gerade in solchen Zeiten hat er uns die größte Hochachtung abgenötigt. Wir denken da zurück an das Ereignis vom 17. Januar 1906. Damals fuhr Zeppelin am Nachmittag um 14.30 Uhr mit seinem Luftschiff Nr. 2 aus. Mit Beobachten der Höhensteuer beschäftigt, achtete man nicht auf eine Luftströmung, die dann das Schiff über Land führte, dem Allgäu zu. Es landete um 15.30 Uhr auf einer von Wald umgebenen Wiese bei Kißlegg unweit Ravensburg. In der folgenden Nacht nun wurde der Ballon durch Sturmwind gegen Bäume geschleudert und so zerzaust, dass der Graf sich entschließen musste, sein Werk an der Unglücksstelle demontieren zu lassen. Das war ein harter Schlag. Aber gerade damals zeigte sich seine wahre Geistesgröße. Wie ein Held stand er unter den Soldaten, deren Auftrag es war, das Zerstörungswerk zu tun. Er selbst gab die Anordnungen dazu. Nicht als ein gebrochener Mann, sondern als ein Kriegsmann, der gewillt ist, nach einer verlorenen Schlacht aufs Neue zu kämpfen, um einen großen Sieg zu erfechten. Damals kam gerade noch zur rechten Zeit ein Berichterstatter der „Frankfurter Zeitung", Dr. E c k e n e r , hinzu. Er sah Zeppelin und hörte seine Befehle zum Abbruch. Was hatte dieser durch die neuere Geschichte der Luftschifffahrt nun uns allen bekannte Mann zu sagen? „W i e g r o ß u n d s t a r k i s t d o c h d a s m e n s c h l i - c h e H e r z , s o a l l e n M ä c h t e n a u f E r d e n T r o t z b i e - t e n d , u n d w i e s c h w a c h i s t d a b e i d e s M e n s c h e n W e r k , d a s e i n W i n d h a u c h v e r n i c h t e n k o n n t e ! "
Das war sein Eindruck. Es ist unzählige Mal auch der unserige gewesen, wenn wir mit dem großen Erfinder zusammen waren oder sein Lebenswerk, sei es mit wachsender Freude oder mit wehmütiger Teilnahme, beobachteten. Nach jenem Unfall im Allgäu wurden viele absprechende Urteile laut. Auch Wohlgesinnte meinten, nun sei es an der Zeit aufzuhören und das Problem eines lenkbaren Luftschiffes einer anderen Zeit zu überlassen. Allein der Graf ließ sich nicht irre

machen. Sofort nahm er den Bau eines neuen Ballons von der gleichen Konstruktion in Angriff.

„Saevis tranquillus in undis", hat im Jahre 1567 der edle Fürst W i l - h e l m   v o n   O r a n i e n auf eine Medaille prägen lassen. „Ruhig in stürmenden Wogen" ist auch unser Graf gewesen, nicht nur in den Stürmen des Krieges, sondern noch mehr in den hoch sich türmenden Wellen der Anfeindung in seiner Friedensarbeit. Und gerade damals hat er diese innere Ruhe bewiesen, als seine Sache verloren schien. Es war eine übergroße Macht, die gegen ihn einstürmte, aber im Vertrauen auf Gott ging er mit Mut und Entschlossenheit, mit Geduld und riesenhaftem Fleiß wieder an seine Arbeit. Und sie gelang über alles Erwarten, und all seine Spötter und Feinde wurden zu Boden geschlagen.

Aber auch in seiner Eigenschaft als G u t s h e r r berührte uns seine Persönlichkeit sympathisch. Er stand während mehr als einem halben Jahrhundert in einem rührenden Verhältnis zum Pächter seines Landguts. Der Graf war noch ein Knabe gewesen, als dieser treffliche Landwirt unter Zeppelins Vater den Hof bezogen hatte und das Gut Jahr um Jahr und Jahrzehnt um Jahrzehnt immer mit der gleichen Treue und dem gleichen Geschick bebaute. So bahnte sich allmählich ein Freundschaftsverhältnis an, dem der Unterschied des Standes keinerlei Abbruch tat. Da war Liebe um Liebe und Treue um Treue zu sehen. Und wir hätten es so manchem Unzufriedenen unserer Zeit, der sich in Klagen gegen die sozialen Unterschiede ergeht, gönnen mögen, dass er einen Einblick in dieses Freundschaftsverhältnis hätte nehmen können. Als der Graf seinem Pächter und dessen Familie nach 50-jährigem treuen Dienst ein schönes Fest bereitete, da dichtete eine dem Pächter nahestehende Freundin ein köstliches Lied: „Des Pächters Jubiläum", worin es u.a. heißt:

Noch fraget ihr: Wer hat das Band gewoben,
Das H e r r *und* K n e c h t *umschlingt, das feste Band,*
Das fünfzig Jahre lang der Stürme Toben,
Der Zeiten Not und Wechsel widerstand?
Wer nennt die Kunst, die Klüfte überbrückt,
Dass G r a f *und* P ä c h t e r *zarte Freundschaft pflegen?*

Die kenn ich wohl, drum sprech ich hochbeglückt:
An Gottes Segen war's gelegen!

Als dieser Pächter im Herbst 1903 schwer krank war, sorgte die gräfliche Familie für ihn wie für einen eigenen Vater. Der Graf besorgte einen bewährten Krankenwärter, der die Pflege übernehmen musste, und immer wieder schaute jemand aus der Familie ins Krankenzimmer hinein.

Und als dann die Herrschaft kaum verreist war, starb der liebe Alte. Aber zur Beerdigung kehrten alle drei zurück. Der Graf schritt mit vielen Leidtragenden hinter dem Sarge her bis zum entfernten Friedhof und wohnte nachher mit der ganzen Familie dem Trauergottesdienste bei.

Übrigens war der Graf selbst weit davon entfernt, zu behaupten, dass er als Mensch nicht auch seine Schwächen habe. Er war sich derselben sogar sehr stark bewusst. Köstlich ist in dieser Hinsicht sein schönes schlichtes Bekenntnis, das er sprach, als die Stadt B a d e n -
B a d e n zu Ehren ihres neuen Ehrenbürgers, des Grafen Zeppelin, ein Festmahl gab, an dem der Gefeierte in seiner Dankrede etwa Folgendes ausführte: „Als mir die Gelegenheit geboten wurde, dem Danke Ihnen gegenüber persönlich Ausdruck zu verleihen, zugleich mich als einen Ihrer jüngsten Mitbürger vorzustellen, da habe ich es für meine Pflicht gehalten, meine Scheu vor dem Hervortreten unter den Menschen, meine Abneigung davor, die Aufmerksamkeit auf meine Person gerichtet zu sehen, zu überwinden und diese Gelegenheit nicht unbenützt vorübergehen zu lassen. Ich will mich Ihnen zeigen, als der, der ich bin, nicht als der, zu dem mich eine begeisterte Stimmung über das hinaus, was Gott mir gelingen ließ, stempeln möchte. Lassen Sie mich nur von der mir zugesprochenen E n t -
s c h l o s s e n h e i t   d e s   M u t e s   s p r e c h e n.   I c h   b i n   e i n e
d u r c h a u s   ä n g s t l i c h e   N a t u r,   i c h   w ü r d e   z.B.   n i e -
m a l s   m i t   e i n e m   L u f t s c h i f f   g e f a h r e n   s e i n,   n o c h
v i e l   w e n i g e r   j e m a n d   d a z u   v e r l e i t e t   h a b e n,   w e n n
m i c h   n i c h t   d i e   f e s t e,   a u f   g e n a u e s t e   S a c h k e n n t -
n i s   g e g r ü n d e t e   Ü b e r z e u g u n g   b e s e e l t   h ä t t e,   d a s s
d a s   e i n e   u n g e f ä h r l i c h e   S a c h e   i s t.   Freilich, eine gewisse

Dreistigkeit geht mir leider nicht ab. Mit dieser habe ich es gewagt, trotzdem vor einigen Tagen wiederum eines meiner Luftschiffe Havarie erlitt, meine Zusage, in Baden-Baden zu erscheinen, dennoch aufrecht zu erhalten. Man stelle sich nur vor, mein Luftschiff wurde erwartet, zur Freude aller sollte es wieder seine Kreise ziehen über dem herrlichen Tal – und nun komme ich a l l e i n , der Trabant ohne die Sonne!" Diese Bescheidenheit Zeppelins könnte sich mancher junge Stürmer zum Beispiel nehmen. Und das führt uns hinüber zu einem neuen Abschnitt, der in seinem Lebensbild nicht fehlen darf.

Graf Ferdinand von Zeppelin
Büste in Stein von Professor Karl Donndorf in Stuttgart
Aus der großen Kunstausstellung in Stuttgart, Sommer 1913

Zeppelin als Christ

Wer ist ein Mann?
Der b e t e n kann
Und Gott, dem Herrn, vertraut.
Wer ist ein Mann?
Der g l a u b e n kann,
Inbrünstig wahr und frei.
Wer ist ein Mann?
Der l i e b e n kann,
Von Herzen fromm und warm.

Ernst Moritz Arndt
in dem denkwürdigen Jahre 1813.

D er Däne S k o v g a a r d - P e t e r s e n hat in seinem Buche
„Des Glaubens Bedeutung im Kampf ums Dasein", das auch
in deutscher Sprache Verbreitung gefunden hat, den Beweis
durchgeführt, dass der Glaube auch für die Aufgaben unseres irdischen
Tagewerkes nicht etwa hinderlich, sondern im Gegenteil förderlich
sei. Er sagt u.a.: „Der Gläubige ist kein ätherisch-geistliches Wesen. Er
hat hier auf Erden weder Engelsflügel noch eine Heiligenkrone. Was
auch immer seine Seele von Kräften der zukünftigen Welt bergen mag,
äußerlich ist und bleibt er doch ein Kind der Erde, der Staub macht
ihn schmutzig und der Regen macht ihn nass. Die Sonne bräunt ihn,
und Dornen und Disteln stechen ihn ebenso gut wie die Kinder dieser Welt. Seine Schuhe verschleißen auf den Wegen der Erde, und er
muss sein Brot im Schweiß seines Angesichts essen." Als „Hirnge-
spinst" bezeichnet es Skovgaard, wenn man behauptet, der Glaube
schade der Position eines Menschen und mache, dass er's nirgends
zu etwas Ordentlichem bringt; wenn man ein Christ sein wolle, dann
müsse man den Gedanken aufgeben, in dieser Welt etwas zu leisten.
Und wenn man ein irdisches Ziel erreichen wolle, dann müsse man
sich eben der Welt gleichstellen und das himmlische Ziel verleugnen.
Nein, das Gegenteil ist richtig! „Gerade wenn man es nicht der Welt

gleichtun will, wird man recht tüchtig und geschickt für das Leben in der Welt. Gerade wenn man nicht von der Welt sein will, lernt man's recht, in der Welt vorwärtszukommen."

Die Ausführung scheint uns in besonderer Weise auf den Grafen Zeppelin zu passen. Was den innersten Grund seines unvergleichlichen Schaffens trotz der vielen Kämpfe und Enttäuschungen bildete, was den letzten, tiefsten Beweggrund seines so sympathischen Wesens ausmachte, das war seine aufrichtige Gottesfurcht und seine lautere Frömmigkeit. Graf Zeppelin war kein Wortemacher. Er war durch und durch ein Mann der Tat. Aber er schämte sich seines Glaubens und seines Bekenntnisses nicht. Er sprach es offen aus, dass er die Kraft zu seinen Taten im Gebet suche. Schlicht und bescheiden saß er sonntags im Gotteshause. Ganz war er, was er war: treu im Glauben, treu in der Liebe, treu in der Arbeit. Ein ganzer Mann, ein ganzer Christ! Wir behaupten kühn: Gerade weil er so fest in der Ewigkeit gewurzelt war und seine Seele mit Gott im Frieden stand, konnte er ein so großes Werk für diese Zeit schaffen. Umso mehr konnte er sich seinen irdischen Pflichten hingeben, als er für seinen inneren Menschen die Ruhe gefunden hatte, die nur der G l a u b e gibt. So erklärt sich sein fast an Verwegenheit grenzender Soldatenmut. So allein haben wir uns auch seine bewunderungswürdige Energie bei seinen Flugversuchen zu erklären. Wir hätten heute noch kein lenkbares Luftschiff, wenn der Graf nicht Kraft seines Glaubens an einen persönlichen, lebendigen Gott, der auch sein Lebensschicksal lenkte und leitete, immer wieder bei den schwersten Enttäuschungen Geduld bewiesen hätte. Und seine G e d u l d bestand nicht nur in einer Ergebung ins Unvermeidliche, sondern in dem geduldigen, zielbewussten Weiterarbeiten im Vertrauen auf die Hilfe Gottes. Wenn der Graf da und dort in seinen Reden und Gesprächen etwas davon angedeutet und bezeugt hat, so darf man dessen versichert sein, dass dies sein innerstes Empfinden und Erleben war. Er hat seine Lebensaufgabe aus Gottes Hand genommen und hat sie mit ihm und für ihn gelöst.

Wohl war er sich dabei bewusst, dass er kein eigentliches Reichsgotteswerk tue, sondern für die irdischen Zeitverhältnisse arbeitete. Er tat seine Pflicht als S o l d a t und P a t r i o t , indem er zunächst an den Kriegsfall dachte. Er tat seine Pflicht als M e n s c h und als B ü r -

g e r , indem er sich der großen Tragweite seiner Erfindung auch für den Handel und Verkehr bewusst war. Darin sah er seine Aufgabe. Er wusste die Diener am Wort zu schätzen, die das Evangelium verkündigen und die hinausziehen in die fremden Länder, um den göttlichen Samen hinauszustreuen ins große Völkermeer. Er hatte eine große Hochachtung vor allem, was der Mensch und der Christ wirklich für Gott tut oder um Gottes und des Gewissens willen leidet. Aber das schließt ja nicht aus, dass er auch s e i n e besondere Aufgabe als einen Auftrag Gottes annehmen durfte. Und so gewinnt sein Werk eine höhere, sittliche Bedeutung.

Noch ein Zug seines Wesens muss hervorgehoben werden; das war seine große W a h r h e i t s l i e b e . Der Graf war aller Lüge Feind und ein durchaus aufrichtiger Charakter, durch und durch ehrlich. Wie er sprach, so meinte er es auch. Dadurch hatte sein Auftreten etwas außerordentlich Vertrauenerweckendes. Auch die D a n k b a r k e i t war ihm in hohem Maße eigen. Er verstand zu danken, nicht nur mit Worten, noch weniger mit Phrasen und schwulstigen Redensarten – das war durchaus nicht sein Fall –, sondern mit jener warmen, treuen Liebe, die noch nach Jahren einer Freundlichkeit gedenkt.

Und besonders schön war seine F r i e d e n s l i e b e . Der Graf erhielt zu seinem 70. Geburtstag unter anderem auch eine Gratulation von seinem ehemaligen „F e i n d e ", dem über 80 Jahre alten pensionierten Gendarm K ö h l e r aus Einville bei Nancy, der 1870, als Graf Zeppelin seinen verwegenen Rekognoszierungsritt ins Elsass unternahm, sich ihm mit andern Kameraden zwischen Selz und Wörth entgegenstellte. Der alte Herr, der sich damals zum Besuche in Weißenburg aufhielt, stand mit dem Grafen schon seit Langem in freundschaftlichem Verkehr und hatte auch ein herzliches Dankschreiben von seinem ehemaligen Gegner erhalten.

Graf Zeppelin war kein Dogmatiker. Er ließ sich nicht auf theologische Streitfragen ein. Aber deshalb lagen ihm die Glaubensfragen keineswegs fern. Im Gegenteil, die Glaubenssätze waren ihm von früher Jugend an zu Glaubensschätzen geworden, die er um keinen Preis fahren lassen möchte. Was er als Kind und heranwachsender Jüngling mit klarem Sinn und warmem Gemüt ergriffen und geglaubt hatte, das hat er auch als gereifter, in den Stürmen des Lebens erprobter Mann festgehalten. Es war das positive Evangelium in kirchlicher Form, das seine Erbauung bildete. Die apostolisch-reformatorische Lehre vom sündigen Menschen, der des Ruhmes vor Gott mangelt, aber in Christo gerechtfertigt und beseligt ist, war auch des Grafen religiöse Überzeugung. – Für diese d e m ü t i g e F r ö m m i g k e i t ist Folgendes charakteristisch: Nach der Konfirmation seiner Tochter hatte ich dem Grafen und den Seinen, umgeben von einem Kreis von Verwandten, zu dem hohe Würdenträger gehörten, das heilige Abendmahl auszuteilen. Zuvor aber nahm mich der Graf auf die Seite und bat mich, ich möchte doch nur ja nicht die Stelle in der Liturgie auslassen, wo es heiße: „Ich armer sündiger Mensch …" Er wollte durchaus zu den in sich verlorenen Sündern gehören, die ihre Hoffnung allein auf das Evangelium von der Gnade Gottes in Christus setzen.

Noch ein anderes Beispiel! In jenen Jahren, als er vom Jubel Tausender umtost war, saß er einmal am Sonntagmorgen nach beispiellosen Erfolgen gerade der vergangenen Woche in meinem schlichten Emmishofer Kirchlein. Ich war mir bewusst, dass an jenem Morgen auf vielen Kanzeln sein Name erwähnt und sein Werk gepriesen werde. Ich predigte wie immer, ob der Graf da war oder nicht, das einfache Evangelium. Nach beendigtem Gottesdienst traf ich an der Türe mit ihm zusammen und sagte ihm: „Herr Graf" – in der Schweiz gebrauchte man gewöhnlich diese einfache Anrede, obgleich er ja als kommandierender General a. D. „Exzellenz" war – „ich habe in der Predigt Ihres Werkes nicht gedacht!" Da hob er mit freundlichem Ernst den Finger auf und drohte mir mit den Worten: „Wenn Sie aber auch!"

Er war aber auch in religiöser Hinsicht ganz e i n M a n n d e r T a t . Er machte nicht viel Worte; sein Leben, sein Wandel, seine Taten wiesen die Echtheit seines Glaubens und Bekenntnisses aus. Professor H i l t y sagt einmal mit Recht: „Wenn unser Christentum uns nicht pflichtgetreuer für die Aufgaben des täglichen Lebens und Berufes, uneigennütziger in Geldsachen, gleichgültiger gegen Reichtum und Ehre, gütiger gegen alle Menschen, freudiger im Gemüt und hoffnungsvoller für die Zukunft macht, dann ist es noch nicht das rechte, sondern mehr eine Partei oder Kirchensache, als das Christentum Christi." Wie wohltuend ist es doch, dass wir in unserer Zeit noch auf solch echtes Christentum hinweisen dürfen!

Sehr stark ausgeprägt war bei dem Grafen das Bewusstsein, dass Gott die Lebensschicksale des E i n z e l n e n ordnet, und dass wir mit unserem Leben und unserem Tun ganz in seiner Hand sind. Als kurz nach seinem großen Erfolge im Sommer 1900 einmal davon die Rede war, dass Gott ein K ü n s t l e r sei in der Bildung und Führung von Menschenherzen, wandte er diesen Gedanken auch auf sein besonderes Lebenswerk an und sagte: „Ja, Gott ist der Künstler, und ich bin sein W e r k z e u g." Und deshalb war Zeppelin auch so sehr davon durchdrungen, dass er ohne Gottes Hilfe sein Werk gar nicht hätte tun können. U n d   d e s h a l b   w i e s   e r   i m m e r   d a s   L o b   s e i n e r   e i g e n e n   P e r s o n   r u n d w e g   a b.

Dieses tiefe Durchdrungensein davon, dass an Gottes Segen alles gelegen ist, teilte der Graf übrigens mit vielen bedeutenden Männern, die auf Erden Großes geleistet haben. Wir erinnern z.B. an den berühmten Chemiker J u s t u s   v o n   L i e b i g (1803–1873). Er hat im Jahre 1865 in der Eröffnungsvorlesung eines Kollegs über Pflanzenchemie, das er in München las, seinen Zuhörern gesagt: „Vergessen Sie nicht, dass wir bei all unserem Wissen und Forschen, bei unserer Tatkraft und geistigen Größe kurzsichtige Menschen bleiben und d a s s   u n s e r e   e i g e n t l i c h e   K r a f t   i n   d e r   A n l e h n u n g   a n   e i n   h ö h e - r e s   W e s e n   wurzelt." Und A l e x a n d e r   v o n   H u m b o l d t schreibt in einem Briefe an Varnhagen von Ense: „Die Naturgeschichte wie die Menschengeschichte ist ein harmonisches, v o n   e i n e m   G e i s t e   g e t r a g e n e s, von göttlichen Kräften und zweckvollen Gesetzen bestimmtes Universum." Tiefer noch wie Humboldt hatte K a r l   G e o r g   v o n   R a u m e r, der ausgezeichnete Naturforscher und Geograph, der sich auch als Pädagog hervortat, den eigentlich christlichen Gedanken erfasst. Er sagt: „Das Ziel aller Bildung ist Wiederherstellung des Ebenbildes Gottes, welche mit der Wiedergeburt beginnt. Diese ist das Werk der zeugenden, schöpferischen Kraft Gottes und wirkt, wie wohl in ihrem Ursprung und ihrem Ziel Geheimnis, auf Erden in wahrnehmbarer, unverkennbarer Weise eine neue Schöpfung, einen neuen Menschen." Und O s w a l d   H e e r (1809–1883), der verdiente Erforscher der Urwelt der Schweiz, schrieb beim Tode einer Tochter einem Freunde: „Alles Wissen und Können befriedigt uns nicht und hat doch eigentlich nur einen untergeordneten Wert.

Das Betrachten der W u n d e r w e r k e d e r N a t u r erfüllt uns wohl mit Staunen und Bewunderung, lässt uns aber an sich kalt; und nur der Gedanke, dass Gott sich seiner Geschöpfe liebend annimmt und sich ihrer erbarmt, erwärmt und beruhigt unser Herz. Er allein gibt uns den vertrauensvollen Glauben an eine höhere Weltordnung und die beseligende Zuversicht, dass wir alle in das Buch des Lebens eingeschrieben seien. Ja, die Liebe ist das Höchste, sie bleibt ewiglich."

Es ist eine ganz verkehrte Meinung vieler Modernen, dass tiefgehende, gründliche Wissenschaft sich nicht mit kindlich-zuversichtlichem Heilsglauben vertrage. Der auf den Gebieten der Physiologie und der Chemie so bedeutende L o u i s P a s t e u r , der namentlich durch sein Verfahren gegen die Tollwut weltbekannt geworden ist, war ein gläubiger Christ; der hochgelehrte Mann warf sich mit der Einfalt eines Kindes betend vor seinem Vater im Himmel auf die Knie. Er hat kurz vor seinem Tode einmal die Äußerung getan: „Ich habe viel studiert, darum habe ich den Glauben eines bretonischen Bauern."[11]

Es sei genug an diesen Beispielen. Sie sollen nur bestätigen, was uns an der sympathischen Persönlichkeit Z e p p e l i n s in so starkem Maße zutage trat. Der Graf hatte so tief in das Wesen der Natur, der Wissenschaft und der Technik hineingeschaut, dass es ihm ein Rätsel blieb, wie unsere Modernen G o t t im Universum und in all den wunderbaren Vorgängen der irdischen Schöpfung nicht finden können. Bei Gelegenheit einer Unterhaltung über eine Naturaliensammlung, in der sich ein schönerhaltenes großes Mammutskelett befindet, sprach sich der Graf folgendermaßen aus: „Solche Wunder der Schöpfung sollten uns immer wieder auf den Schöpfer hinweisen, der so groß und herrlich ist und doch jedem Einzelnen unter uns nahe; mit dem wir reden dürfen wie ein Freund mit seinem Freunde." Und dann ist es die große Wahrheit, von der wir zu Anfang dieses Abschnittes ausgingen, die uns der Graf in so eindrücklicher Weise zu Gemüte führt: D e r c h r i s t l i c h e G l a u b e i s t k e i n H i n d e r n i s , s o n d e r n i m G e g e n t e i l e i n e w e s e n t l i c h e F ö r d e - r u n g f ü r e r f o l g r e i c h e s S c h a f f e n i n d i e s e r W e l t .

---

11   Vgl. „Die größten Geister über die höchsten Fragen", Zitate aus den Werken der bedeutendsten Männer. Von Dr. Engel. Mit 32 Porträts. Abb. 3 Mk.

Zeppelin als Erzieher

Des Mannes Wert ist nicht im Kleide,
Und ob er geh' in Gold und Seide;
Des Mannes Wert ist im Gemüte
Und in der angestammten Güte.

Als der Graf seine große Schweizerfahrt gemacht hatte, erschien in der „Neuen Zürcher Zeitung" ein Feuilletonartikel mit der Überschrift: „Zeppelin als Erzieher", worin eine Dame erzählte, dass sie so gern einmal ihrem Jungen das Luftschiff gezeigt hätte, aber es habe sich nicht machen lassen, zum Bodensee zu reisen. Sie schreibt: „Was müsste das für einen Eindruck machen auf ein Kind, wenn man ihm erzählte: ‚Denke, da war ein Mann, der hat sein ganzes Leben daran studiert, wie man wohl ein lenkbares Luftschiff machen könnte, und als er schon alt war, glaubte er, es sei ihm gelungen. Aber es war nichts, das Schiff wollte sich nicht lenken lassen, und er musste es zertrümmern. All seine Zeit und all seine Kraft und Hoffnung und sein Geld hatte er daran gewagt, und nun war alles nichts. Mancher hätte sich nun verzweifelt in eine Ecke gesetzt und gedacht: Nun ist mir alles egal! Aber der alte Zeppelin hatte ein junges, starkes Herz, das den Mut nicht verlor, nie, nie, auch wenn alles verloren schien. Er fing wieder an zu studieren und zu schaffen. Und wenn er auch nicht mehr jung war, so wollte er doch nicht ausruhen, sondern immer wieder versuchen, ob ihm sein Werk nicht doch gelinge. – Und endlich gelang es. Sein neues Luftschiff ließ sich lenken wie ein williges Pferd, und sein Herr flog mit ihm durch die Lüfte, als stolzer Sieger über alle Hindernisse und Zweifel. Und nun sollst du das Luftschiff sehen.'

Ja, wenn ich's ihm nur hätte zeigen können!

Heute Nachmittag nun war ich mit meinem Jungen und seinem Freund im Wald. Die Buben hatten ihre Tafeln mitgenommen und wollten Schule spielen. Es war heiß, aber ein starker Ostwind ließ uns

138

die Hitze nicht so stark empfinden. Ganz still war es ringsum, man hörte nur den Wind in den Tannenwipfeln rauschen und den Gesang der Vögel. Herrlich hatten wir's an unserm Waldrand, wir sahen weit übers Land hin bis über den Greifensee und auf die Berge. Von ferne klang ein Läuten von Glocken, bald lauter, bald leiser. Es war ein sonderbares Geläute, aber ich dachte mir zuerst nichts dabei, bis ich einmal in die Weite sah. Da – ‚der Zeppelin! der Zeppelin!‘ Ich schrie es im größten Jubel, und die Buben stürzten herbei und staunten. Wirklich und wahrhaftig, da war er zu uns gekommen, natürlich extra, dass meinem Buben das erzieherische Erlebnis nicht entginge! Ziemlich nahe vor uns stand der lange weiße Körper in der Luft, und seine Motoren waren es gewesen, die das melodische Tönen verursacht hatten, wahrlich eine ‚Sphärenmusik‘, der Gesang des Optimismus!

Das Luftschiff kam von Zürichberg her und fuhr gegen Dietikon, direkt gegen den Wind. Der Wind blies tapfer den seltenen Vogel an und wollte ihn zurücktreiben, war er doch schon oft über derlei Vögel Meister geworden! Aber wahrhaftig, dieser wich ihm nicht, sondern fuhr ihm wie ein Pfeil mitten ins Herz und überwand ihn.

‚Buben, das ist das Schönste, was wir sehen konnten‘, jubelte ich und erzählte ihnen die Geschichte vom Zeppelin. Mein Junge hatte sich auch schon auf den Bauch geworfen und zeichnete den ‚Zeppelin‘ auf die Schiefertafel; dann liefen die zwei um eine Waldecke, um ihn bis zum letzten Augenblick sehen zu können. Noch von weither trug der Wind das ‚Läuten‘ an unser Ohr.

‚Gehört der Zeppelin zur Schweiz oder zu Deutschland?‘, fragte mein Bub.

‚Zu Deutschland.‘

‚O-o‘, machte er mit einem Gesicht, wie wenn ihm sämtliche Bleisoldaten ins Wasser gefallen wären.

‚Ja‘, sagte ich, ‚es ist schade für uns. Aber weißt du, der Zeppelin gehört der ganzen Welt.‘

‚Warum?‘

‚Weil er aller Welt zeigt, wie man's machen muss, wenn man zum Ziele kommen will.‘

Auf dem Heimweg fragte der Junge, erfüllt von dem seltenen Ereignis: ‚Was ist das Aller-Allerseltenste auf der Welt?‘

Da sagte ich ihm: ‚D a s A l l e r - A l l e r s e l t e n s t e i s t e i n
M e n s c h , d e r n i e , a u c h w e n n i h m a l l e s v e r l o r e n
s c h e i n t , d e n M u t v e r l i e r t.‘

Mein Bub war befriedigt, dann hatte er also doch das Allerseltenste
gesehen.

‚Gelt‘, sagte er, ‚das war nett von Zeppelin, dass er zu allererst in die
Schweiz gekommen ist?‘

‚Ja, das war nett von ihm, und wir wollen, ihm zum Dank, uns auch
immer wieder sagen, dass das J a , d e r G l a u b e , eben doch das
letzte Wort behalten muss! Denn das hast du doch der Welt zeigen
wollen mit deinem Werk, nicht wahr, Zeppelin?‘ "

Dieser hübsche Artikel gibt gut wieder, was wir sagen möchten.
Graf Zeppelin hat unserem heutigen Geschlecht eine treffliche Lehre
gegeben. Er hat durch sein B e i s p i e l in hohem Grade erzieherisch
gewirkt. Wie treffen wir doch heutzutage neben einem ans Unglaubli-
che grenzenden Leichtsinn jenen unseligen P e s s i m i s m u s an, der
beim geringsten Anlass die Flügel hängen lässt und alsbald den Mut
verliert, wenn sich Schwierigkeiten zeigen. Es fehlt am Vertrauen und
an der ausharrenden Geduld, an dem energischen Weiterarbeiten auf
ein bestimmtes Ziel hin. Das ist das Bild des Menschen unsrer Tage,
wie es uns leider immer wieder begegnet. Da ist es wohltuend, auf das
Beispiel Zeppelins hinweisen zu können. Er hatte einen hohen Mut
bei aller persönlichen Demut. Er hatte eine nie versiegende Freudigkeit, so bitter auch die Pillen waren, die ihm eingegeben wurden.
Er hat sich durch keine Enttäuschung einschüchtern lassen. „N i t
n o l o h g w ü n n t !“ („nicht nachlassen gewinnt“) hieß es auch
bei ihm, und sein Erfolg hat ihm recht gegeben. Emil Sandt schreibt
einmal: „Wenn man den Grafen Zeppelin kennenlernt, wie ich ihn
kennenlernte, dann erst kann man begreifen, dass dieser Mann, der
so oft niedergebrochen ist, nie erschlagen werden konnte. Er übt eine
souveräne Festigkeit allen Ereignissen gegenüber aus, die ihn treffen
können. Und was sein Schutz war gegen die Finsternis, die ihn doch
so manchmal umfangen hat, das ist auch sein Schutz gegen das Licht,
das ihn mit seinem Glanze blenden könnte. Der Graf ist keine kompli-
zierte Natur. Aber dafür ist jeder Zug, den er hat, groß; jeder Gedanke
wiederum, den er entwickelt, durch eben diese Größe einfach. Und es

mag besonders betont werden: Nichts ist gesucht an ihm; auch seine Einfachheit ist ohne Pose."

Es ist noch ein weiterer Zug seines Wesens, auf den hier hingewiesen werden muss. Zeppelin kannte k e i n e M e n s c h e n f u r c h t. Wie er einst draußen in Feindesland eine herrliche Furchtlosigkeit an den Tag gelegt hat, so hat er es auch auf dem Felde der friedlichen Arbeit genugsam bewiesen, dass Bismarcks bekanntes Wort auch das seinige ist: „Wir Deutsche fürchten G o t t und sonst nichts auf der Welt." Weder Menschenr u h m noch Menschens p o t t konnte ihn beirren. Nie im Leben ist mir ein Mann begegnet, dem das Urteil der Menschen so einerlei war, wenn er wusste, dass er vor Gott und seinem Gewissen recht handele. Das hat sich gerade bei seinen Luftschifffahrten aufs Schönste gezeigt.

In den Zeiten, als es schwer ging und die Spötter nicht fehlten, hat er um der Meinung der Menschen willen gewiss nicht abgelassen. Er sagte mir vor Jahren einmal: „Ich nehme es keinem Menschen übel, wenn er mich für einen Toren hält; deshalb weiß ich doch, dass es meine Aufgabe ist, ruhig weiterzumachen, und meine Idee, die ich für richtig erkannt habe, weiterzuverfolgen." Um der Menschen willen, die zu Hunderttausenden an den Ufern des Bodensees und des Rheins sehnsuchtsvoll auf seine große Fahrt warteten, ist er keine Stunde früher aufgestiegen, als er es aus technischen Gründen mit wirklich gutem Gewissen tun konnte. Diese Freiheit von Menschenfurcht, von eitler Ruhmsucht und dieser Erhabenheit über den Spott kleinlicher Geister war ein Stück seiner G e i s t e s g r ö ß e.

Ich sagte ihm einmal: „Herr Graf, Sie haben gestern viele enttäuscht!" Er gab die lakonische Antwort: „Ich habe niemand eingeladen!" Der bloßen Neugier war er sehr abhold; so dankbar er sich aussprechen konnte, wo ihm wirkliches Interesse an seinem Arbeiten begegnete.

„Eine wunderbare Erscheinung ist dieser Graf Zeppelin in unserer Zeit", schreibt ein hervorragender Gelehrter. „Gegen eine ganze Welt von Vorurteilen hat er sich durchgerungen. Sein Vermögen hat er aufgeopfert, und nun haben sein kühner Mut, seine unbeugsame Kraft endlich alle Widerstände besiegt, die ihm entgegengestellt wurden. Nun fliegt er mit Herrscherruhe durch die Lüfte, während alle Kleinmütigen und Zweifler unten stehen und sein Werk wie ein Märchen bestaunen."

Wenn man heute klagen muss über den Mangel an charaktervollen und charakterfesten P e r s ö n l i c h k e i t e n , so haben wir nun hier eine solche, die unser Geschlecht erzieht und zu sich emporhebt.

Aber wir sind weit davon entfernt, durch diese Blätter einem Sterblichen Weihrauch zu streuen und Menschenruhm zu treiben. Damit würden wir unserem Grafen einen schlechten Dienst erweisen, ja, damit hätten wir in hohem Maße sein Missfallen erregt. Nein, wir wollen nur nachweisen, dass dieser Mann, dessen Mut und Erfindungsgeist, dessen Energie und Arbeitsfreudigkeit von aller Welt angestaunt und gepriesen wurde, aus h ö h e r e n Quellen schöpfte. Was er war und was er lebte, was er schaffte und was er litt, vermochte er nur durch den G l a u b e n . Sein Leben, das so ungewöhnlich reich war an Arbeit und an Liebe, ist von Jugend auf hineingetaucht in das Sonnenlicht der göttlichen Liebe. Darum war er auch wie ein heller Sonnenstrahl einem jeden, der ihm näher trat. Und darum wirkte er durch sein großes Lebenswerk auf alle seine Zeitgenossen als E r z i e h e r .

Bei der glänzenden Kaiserparade in Cannstatt unter der Anwesenheit vieler fürstlicher Gäste am 7. September 1909 war auch Zeppelin. Sein König hatte ihm kurz vorher eine Ehrenstellung in seinem Regiment „König Karl" gegeben, an dessen Spitze er einst stand. Der Oberst des Regiments begrüßte den Grafen, und dieser antwortete in einer kurzen Rede. Zeppelin stand damals bereits im 72. Lebensjahre und seit etwa 18 Jahren war er kein aktiver Offizier mehr. Aber dass er doch noch durch und durch Soldat geblieben, davon zeugen seine kühnen, mutigen Worte: „Wenn wir zum Angriff rücken, da muss jeder sein Herz vorauswerfen." Die Worte charakterisieren ihn; denn was er tat, das tat er immer mit ganzer Herzenshingabe. Ja, seine Soldatenart hat er auch drei Jahre später mit 74 Jahren noch nicht verleugnet, als er bei den Kaisermanövern im Herbst 1912 zehn Stunden im Sattel zubrachte.

Mit freundlicher Erlaubnis der Dichter lassen wir hier noch etliche G e d i c h t e folgen.

Der Schweizer Dichter J o h . B r a s s e l in St. Gallen dichtete zum 70. Geburtstag des Grafen:

Ein Held im Krieg, ein größerer im Frieden,
So stehst du da voll Wagemut, ein Greis,
Dem Gott ein selten schönes Los beschieden:
Nach Müh und Kampf des Sieges höchsten Preis.

Groß war das Ziel, nach dem du zäh gerungen
Bei Tag und Nacht, durch manches lange Jahr.
Der zweite kühne Ritt ist dir gelungen,
Still staunend steht der Spötter dreiste Schar

Und schaut empor und sieht dich hoch erhoben,
Im Luftkreis sicher lenkend den Ballon,
Und hört der Menge Jubelruf dich loben
Als deines Vaterlandes besten Sohn.

Du hast gekämpft, geopfert und verbessert,
Dein g a n z e s S e i n ins große Werk gefügt,
Und ob man dir die Suppe oft verwässert,
Der G l a u b e an dein Werk, er hat gesiegt.

Er hat gesiegt, weil bei der Arbeit Schwere
Der K o p f nicht nur, nein, auch das H e r z dabei,
Das Herz, das für der Heimat Ruhm und Ehre
Von Jugend auf geschlagen kühn und frei. –

Nun schwebt dein schimmernd Schiff hoch in den Lüften,
Wie der Gestirne Schar im weiten All;
So ruhig wie der Aar ob Firn und Klüften
Die Kreise zieht im Morgensonnenstrahl.

Ein neuer Morgen grüßt auch deine Schwingen,
Und ahnend zieht es durch den Menschengeist,
Als müsst das Werk auch neue Zeiten bringen,
In der ein fern Geschlecht den Sieger preist. –

Noch b i s t du, denn du schafft – und immer heller
Wird deines Sorgenlebens Abend sein,
Und steht einst still des Lebensschiffs Propeller,
Fahr froh ins Meer der Ewigkeit hinein!

Und aus der Feder des Professors K a r l S t a t s m a n n in Straßburg
stammt das folgende Gedicht:

Ihr deutschen Männer, Frauen, Töchter, Knaben,
Vom hohen bis zum niedern Haus und Stand,
Legt eure Arbeit, die Geräte aus der Hand,
Und einen Augenblick mir zugewandt
Vernehmt: Ihr sollt ein hohes Freudfest haben,
Ihr sollt des deutschen Mannes heut gedenken,
Der uns gezeigt, was hoher Sinn vermag
Und Fleiß und Wagemut, ihr sollt zum Ehrentag
Sein Bild zum Vorbild deutscher Jugend schenken.
Nicht werden hoch von Türmen Glocken klingen,
Kein Festchor wird dem kühnen Helden singen:
„Mein Abend naht", so wird der greise Wager sagen,
„Lasst mich zur Arbeit gehn in diesen ernsten Tagen!"

Und sieh! ringsum das Volk verstummt und lauscht:
Auf blauem See da lagert riesengroß
Sein Werk, halb Schiff, halb Fischleib, ein Koloss.
Ein kurzer Wink, und horch! es knarrt und rauscht
Wie Räderwerk und Flügelschlag. Ein Stoß,
Und lebensvoll erhebt sich's ob der Fluten Schoß
Und steigt empor, es gleißt im Glanz der Sonnenstrahlen,
Die lachend See und Land und Luft bemalen.
Fast neidisch schaut dem seltnen Schauspiel zu
Der Aar, der drüber kreist. In Landes Sommerruh'
Tönt feierlich der Klang der Kirchenglocken,
Und in der Werkstatt Rad und Hammer stocken.

Heil, großer Deutscher, Zeitgenosse du,
Der uns gedenken wird noch in der Lebensabendruh',
Des Festtag wir mit hohem Stolz erleben!
Du Mann der Tat, nicht Worte dürfen wir dir geben,
Nur stummen Dank, und schwach, zu danken, sind uns Herz und
    Hand, –
Doch inniger und lauter für dein Werk und Streben
Dankt dir das Vaterland!

Die große Deutschlandfahrt

„Nicht uns, Herr, nicht uns, sondern
deinem Namen gib Ehre um deiner Gnade
und Wahrheit willen."

Psalm 115.

Am Morgen des 4. August begann Graf Zeppelin plötzlich seine
g r o ß e F a h r t. Welch ein Ereignis in der Geschichte der
Luftschifffahrt, in der Kulturgeschichte überhaupt! Ganz
Deutschland, ja die ganze Welt stand unter dem tiefen Eindruck der
gewaltigen Erlebnisse. Es war ein S i e g e s z u g ohnegleichen, ein
nationaler Festtag, wie ihn Deutschland seit Jahrzehnten kaum erlebt
hatte. Aber diese Triumphfahrt sollte nach Gottes Ratschluss mit einer
eminenten Katastrophe enden. Fast ist das Menschenherz zu klein,
um so viel Freud und so viel Leid zu gleicher Zeit zu fassen. Haben wir
aber nicht recht gehabt, wenn wir im Vorausgehenden sagten, Zeppelin als Mensch und als Christ stehe uns g r ö ß e r da als sein Werk?
Groß, wahrhaft groß und edel, frei von kleinlichen Zügen hat er sich
gerade in jenen Tagen gezeigt! Und wenn wir uns in den ersten Stunden nach dem erschütternden Ereignis in Echterdingen gefragt haben,
ob die Herausgabe dieses Buches jetzt noch angezeigt wäre, so sind
wir doch schnell zu der Meinung gekommen, dass jetzt e r s t r e c h t
dieser Mann nach seinem Innersten der Welt bekannt werden müsse.

Und noch etwas anderes ist uns dabei g r o ß erschienen. Das ist
die V o l k s s e e l e , die nicht nur mitgejauchzt, sondern auch mitge-
weint und, was noch mehr ist, m i t g e h a n d e l t hat. Noch an der
Unglücksstätte liefen die Beileidstelegramme ein, und hohe Summen
wurden dem Grafen zur Verfügung gestellt. Und dann ging in den
nächsten Tagen noch einmal ein Siegeszug durch Deutschlands Gaue.
Nicht ein Siegeszug über die Köpfe weg, sondern ein Siegeszug von
Herz zu Herz und von Stadt zu Stadt, ja von Land zu Land. Wenn die

Börsen der Menschen sich freiwillig öffnen und reichlich spenden, dann steht das Herz dahinter. Und dass so viele Tausend und Abertausend Herzen sich noch begeistern konnten für einen edlen Mann und für eine große ideale Sache, das hat uns mit Mut und Freude erfüllt; da haben wir uns sagen müssen, was etliche Jahre vorher unserm Volke zugerufen wurde: „Das Ziel erkannt, die Kraft gespannt, die Schwarzseher verbannt". Trotz aller berechtigter Klagen über unser Volk wollen wir doch keinem unglückseligen P e s s i m i s m u s verfallen, sondern uns freuen, dass doch auch noch ein I d e a l i s m u s in unserer Volksseele schlummert, der sich zu Zeiten herrlich entfalten kann, dass besonders auch unsere J u g e n d sich noch begeistern kann für hohe Ziele, wie z.B. am Abend des Echterdinger Unglücks ein wackerer Konstanzer Gymnasiast gesungen hat:

Das sei des Deutschen Wahlspruch heut,
Wo deutscher Klang das Herz erfreut:
Erbaut von deutschen Volkes Gut,
Gesteuert durch eisernen Mannes Mut:
Und hoch den Kopf zum Ziel hinan,
Ein ganzes Volk und sein stahlfester Mann.
Hoch „Z e p p e l i n F ü n f !"

Wir dürfen solche Begeisterungsfähigkeit auch wohl von der h e u t i - g e n Jugend erwarten.

Aber auch eine K e h r s e i t e müssen wir erwähnen. Man ist in der Zeppelin-Begeisterung nach der Zwölfstundenfahrt da und dort zu w e i t gegangen. Man hat manchmal den menschlichen Genius in einer Weise gefeiert, die über das uns Menschen erlaubte Maß hinausgeht. Nicht, dass dies dem Mann, um den es sich handelt, geschadet hätte, dass er stolz und selbstbewusst geworden wäre. O nein, wir haben ihn zwischen den zwei großen Fahrten mehrmals persönlich gesprochen und uns überzeugen können, dass er nach wie vor allen Ruhm von sich abwies, und dass das Bestreben seiner Jugend auch noch das Bestreben seines Alters war, nämlich m i t s e i n e m L e b e n G o t t z u e h r e n. Aber für die M e n s c h e n, die ihn so übermäßig feierten, musste eine Demütigung kommen. Darin scheint uns, abgesehen von dem eben erwähnten herrlichen Idealismus, der durch das traurige Ereignis erst entlockt wurde, gewissermaßen die Lösung des Problems vom Echterdinger Brand zu liegen. Gerade weil dieses so ganz ohne menschliche Schuld, so ganz durch elementare Gewalt geschah, so unerwartet, wie der Blitz aus heiterem Himmel hereinbrach, ist es Gott im Himmel, der dadurch eine ernste Sprache gesprochen hat. Nicht den Mann wollte er vernichten oder schädigen – der Graf wurde ja auch hier, wie schon so oft in seinem Leben, wunderbar bewahrt – auch nicht sein W e r k wollte er zerstören, denn das geschah ja durch den Brand eines einzelnen Luftschiffes nicht; aber der Menschheit wollte er zeigen: „Ich b i n ' s und keiner mehr! Ich wirke, und wer will's aufhalten." Darum: „Nicht uns, Herr, nicht uns, sondern deinem Namen gib Ehre." Graf Zeppelin ist im Vertrauen auf Gott wieder rüstig an die Arbeit gegangen, und sein Werk ist ihm gelungen. Aber sehen wir recht, dann ehren wir sein Andenken dadurch am meisten, wenn wir G o t t die Ehre geben und den Meister droben rühmen, der solch hohe Gedanken und Kräfte den Menschen gibt, die ihm in Demut fest vertrauen. Tun wir das, dann hat das Echterdinger Unglück nicht nur Teilnahme und edle, tatkräftige Hilfe zutage gefördert, nicht nur etliche Millionen Mark zum Bau neuer Luftschiffe hervorgelockt, sondern, was noch mehr wert ist, dann hat es eine hohe s i t t l i c h e B e d e u t u n g gehabt auch für unser ganzes heutiges Geschlecht.

Der Vollständigkeit wegen geben wir hier noch eine kurze Übersicht über die Ereignisse der beiden bedeutungsvollen Tage, den 4. und 5 August:

Es war ein ganz prächtiger Augustmorgen, als der Graf früh nach 6 Uhr seine Fahrt begann. Er liebte die Überraschungen und diese Überraschung ist vollständig gelungen. Nicht einmal in Friedrichshafen wusste man außer den Nächstbeteiligten etwas von seiner Absicht. Zwar sollte sie zunächst eine Probefahrt sein. Und dann, wenn sie gelänge zur Dauerfahrt, zur längst ersehnten Vierundzwanzigstundenfahrt werden. Und sie schien glänzend zu gelingen. Wir hörten gegen 7 Uhr das Luftschiff surren. Bald erschien es auch. Jenseits des Rheins auf Badener Boden fuhr es. Schön, graziös flog es durch die Lüfte. Willig gehorchte es seinem Steuer. In Konstanz fand man ein von Zeppelin ausgeworfenes Telegramm: „Über Konstanz alles gut. Gruß den Meinen. Graf Zeppelin in der Luft." Und dann ging's den Rhein entlang über Schaffhausen nach Basel. Unbeschreiblicher Jubel überall. In Basel fuhr das Schiff über das Münster in einer Höhe von etwa 300 Meter; dann nordwestlich Straßburg zu. Dort war es um 12 Uhr. In Maxau, unweit Karlsruhe, hatte sich eine Menge von etwa 30 000 Menschen angesammelt. Sie jubelten dem tapferen Mann in den Lüften zu. Dann ging's über Speyer und Mannheim in der Richtung nach Mainz. „Ich fuhr am Dienstag, den 4. August", schrieb der verstorb. Pfarrer Werner in Frankfurt, „von Heidelberg nach Frankfurt. Es war ein schwüler Nachmittag. Der ganze Waggon war im Halbschlaf. Da, zwischen Bensheim und Darmstadt, ruft jemand: ‚Der Zeppelin!' Alles fährt auf; alle Müdigkeit ist wie weggeblasen. Alle Augen richten sich nach der Rheingegend. Dort erscheint der Ballon des kühnen Seglers. Während sich vorher alles im Zug langweilig angeschwiegen hatte, waren jetzt alle sofort im Gespräch. D a s w a r d i e a u f w e c k e n d e , v e r b i n d e n d e M a c h t e i n e r n a t i o n a l e n T a t ! "

Doch kurz vor Mainz musste Zeppelin nachmittags 17.15 Uhr in O p p e n h e i m landen, weil ein gesprungenes Rädchen eines Motors um Minuten zu spät ersetzt wurde, um die Wärmeeinflüsse überwinden zu helfen, denen der Motor nicht gewachsen war. Aber die nötige Reparatur war bald bewerkstelligt. Kurz nach 22 Uhr abends stieg der Riesenballon ruhig und sicher wieder auf. Er fuhr über Mainz. Und dann die Nacht durch nach Stuttgart. Gegen 6.30 Uhr morgens überfuhr er die schwäbische Hauptstadt und war während einer Stunde über derselben sichtbar. Von allen Kirchen läuteten die Glocken. Eine große Menschenmenge hatte sich in den Straßen, auf den Dächern und den höhergelegenen Punkten angesammelt. In der Richtung gegen Hohenzollern fuhr das Schiff der Heimat zu.

Und wurde die heimische Stätte erreicht? In E c h t e r d i n g e n wurde eine abermalige Landung nötig. Sanft, wie der Graf es von seinem Luftschiff immer behauptet hatte, landete er auf einer großen Wiese. Das Weißmetall eines Lagers war geschmolzen, da war eine Reparatur angezeigt. Schon von Mannheim an war man mit nur einem Motor gefahren. Der Graf und seine Mitarbeiter waren ganz zuversichtlich. Sie hofften bald nach Manzell zu kommen. Tausende von Menschen umgaben den Riesenleib des Luftschiffes, während die Ausbesserung gemacht wurde. Da brach der Sturm los, der verhängnisvoll werden sollte. Überaus heftig setzte der Gewittersturm ein. Der Ballon wurde aus den Ankern gerissen, eine Gondel wurde in die Höhe gehoben und wieder auf den Boden geworfen. Der Ballon entzündete sich. Im Nu war das ganze Luftschiff ein Raub der Flammen. Nur ein trauriges Gerippe blieb übrig. Einige Personen wurden verletzt, doch wurde ein größeres Unglück gnädig verhütet. Der Graf war gerade nicht zugegen, er hatte sich in einen Gasthof zurückgezogen. Wäre die Explosion etwa zehn Minuten früher geschehen, so wäre er nach allem menschlichen Ermessen verloren gewesen; denn da befand er sich im „Salon", der ganz vernichtet ward. Wie wunderbar passte da wieder die Losung des Brüdergemeinebüchleins für diesen Tag, Klagelieder Jeremia 3, 22: „Die Güte des Herrn ist's, dass wir nicht gar aus sind; seine Barmherzigkeit hat noch kein Ende." Nicht nur auf den Grafen selbst, sondern auch auf die verletzten Mitarbeiter dürfen wir es anwenden, die bald alle wieder genesen durften. Zeppelin suchte die Verletzten unmittelbar nach dem Unglücksfall auf. Er erfuhr, dass sie keinen dauernden Schaden nehmen würden und gab jedem 500 Mark. Beide erhielten auch ein Geldgeschenk vom König von Württemberg. Als den Grafen die Schreckenskunde ereilte, war er schnell mit einem Automobil an der Unglücksstätte. Tief ergriffen stand er da. Aber er hatte bald seine Ruhe wieder. Noch eilte er nach Stuttgart, um der Bevölkerung den Dank für den schönen Empfang persönlich zu erstatten. Dort wurde ihm von seinen braven Schwaben eine rührende Ovation gebracht. Und als er am späten Abend in Friedrichshafen dem Zug entstieg, da standen sie wieder Kopf an Kopf in dichtgedrängten Scharen. Mit tränenerstickter Stimme dankte der Graf für alle Teilnahme. Er fühlte es tief: er stand nicht mehr allein, sein deutsches Volk stand hinter ihm. Telegraphisch tröstete ihn der Kaiser und beglückwünschte ihn zu dem ruhmvollen Erfolg. Der König von Württemberg kam persönlich zu ihm und sprach seine Teilnahme aus. Und von Stunde zu Stunde mehrten sich die Telegramme und Beileidsbezeugungen aus allen Gegenden, aus dem In- und Ausland. Darin waren alle einig:

Der Erfolg des zeppelinschen Luftschiffes steht trotz des fraglichen Abschlusses unangefochten da. Echterdingen war nur wieder eine neue Prüfung in der merkwürdigen Lebensgeschichte unseres Grafen Zeppelin. Und hat nicht uns allen dieses Unglück von Echterdingen noch etwas zu sagen? Oft bricht auch in unserem Leben ein Leid herein, sei es plötzlich mit elementarer Gewalt wie hier, sei es allmählich, aber mit unabwendbarer Kraft. Doch über dem „Unglück" steht Gottes weise und treue Hand. Ist unser Herz auf ihn gerichtet, so kann er uns gerade das Leid zum Segen wenden und aus der bitteren Tränensaat uns eine reiche Freudenernte schenken.

Nun lassen wir noch einmal den vorher erwähnten St. Galler Dichter Johannes Brassel zu Worte kommen:

Trüb ging der See, und grau Gewölk im Westen
Verschlang der Abendsonne gold'ne Pracht,
So schwer lag's heute auf der Brust der Besten,
Die harrend dein gedacht bei Tag und Nacht.

Du standst vor mir. – Ich aber dacht' im Stillen:
Im Unglück machst und festigt sich der Held;
An ihm muss sich das stolze Wort erfüllen:
Dem Braven, Mutigen gehört die Welt.

Den Dornenpfad der schwersten Opfer gehen
Muss jeder, der nach höchsten Zielen strebt,
Ein kleines Golgatha ist jedem ausersehen,
Doch auch der Ostersiegessang: Er lebt!

Da lebst, denn durch die deutschen Lande singet
Ins Leid hinein der deutschen Treue Lied,
Das fern vom Bette bis zum Bodan dringet
Und dich aus Nacht auf zu den Sternen zieht.

Und diese Treue lässt dich nimmer fallen.
Weit felsenfest sie auf dein Werk vertraut.

Schon sieht entsteigen sie den hohen Hallen
Den neuen Segler, den die L i e b e baut!

Im Unglück groß, sich wieder ins Getriebe
Der hehren Arbeit, die dir Gott beschied;
Denn höher als dein Schiff trägt dich die
    Liebe
Des deutschen Volkes und – manch schlichtes Lied.

Auch möge hier noch ein Gedicht folgen, das uns der Verfasser,
Professor Dr. G o t t f r i e d K r a t t in D u r l a c h, freundlichst
übersandte:

Du gabst uns, was mir lang nicht mehr empfangen:
Den schönsten Stolz, e i n e i n i g V o l k zu sein.
Der Geist der Zwietracht ward an dir zu schanden,
Alldeutschland will dir Dank und Hilfe leihn!

D u H e l d d e r T a t, der frei von Erdenbanden
Als Herrscher uns ins Luftreich führte ein:
O lass, was heute dir die Dichter singen,
Verheißungsreich in Herzen wiederklingen!

Im treuen Herzen, das so viel erlebte:
Nicht nur des kühnen Reiters kühnsten Ritt!
Das jahrelang in bangen Zweifeln bebte
Und endlich doch den schönsten Sieg erstritt!
Als hoch zu Häupten uns dein Luftschiff schwebte,
Da schlug es laut, Millionen schlugen mit,
Und heiß zum Himmel steigen heut Gebete:
„O l a s s i h n e r n t e n, was d i e T a t k r a f t s ä t e!“

Nennt's Neid der Götter, nennt es Schicksalstücke:
Weithin im Weltall herrscht ein hoher Geist,
Ihn braucht auch Zeppelin in seinem Glücke,
Den jede neue Fahrt nach oben weist:

152

Will Er es nicht, so kehrt er nie zurück,
Der heut A l l d e u t s c h l a n d s   g r o ß e r   L i e b l i n g h e i ß t !

Nicht blinder Kräfte unbewusstes Walten,
Nur G o t t *allein kann Heldenglück gestalten.*

Als damals nach dem Unglück von Echterdingen die erste Kunde das
Land durchlief, Zeppelin sei „ganz gebrochen" nach Friedrichshafen
zurückgereist, verfasste Pastor P a u l   D e l i u s   i n   M e r s e b u r g
das folgende hübsche Sonett:

Nein, nicht „gebrochen" sollst du weiterleben!
Aufrecht im Sturm, wie Eichen, deutscher Held!
Es schau'n auf dich die Augen einer Welt –
Nun sollst du ihr das hehrste Schauspiel geben!

Wohl zuckt durch jede deutsche Brust ein Beben
Beim Wetterstrahl, der jäh dein Glück zerspellt –
Doch Liebe heilt's! Bald wird, aufs Neu geschwellt,
Dein „glückhaft Schiff" empor zum Äther schweben!

Einst trugst als Erster du dein gutes Schwert
Mit kühnem Reiterstreich dem Feind entgegen,
Und Deutschlands Hassern dünkt dein Sturz ein Segen:

Dein Geist, ein Schwert von zwiefach scharfem Wert,
Dein Mut, dein Wille wird auf Siegeswegen
Ins Buch des Ruhms bald neue Runen prägen!

Friedr. Robertson sagt in seinen religiösen Reden: „Das Leben ist wie
der Krieg eine Kette von Hindernissen, von Missgriffen – die herrlichsten Siege werden dem Missgeschicke abgerungen." Wenn das
Wort irgendwo passt, so zu Zeppelin und seinem Werk.

Zeppelin als Deutscher

Man hat Zeppelin einmal mit L u t h e r verglichen. Allerdings mag man einzelne Züge bei ihm finden, die für den Reformator charakteristisch sind. Das felsenfeste G o t t - v e r t r a u e n , das bei Luther in solch herrlicher Weise zutage trat, war ja bei Zeppelin auf seine Weise auch vorhanden. Und wie Luther ein kerndeutscher Mann war und nur so bei seinen Deutschen durchschlagend wirken konnte, so war der Graf auch d e u t s c h durch und durch. Auch das Biedere, T r e u h e r z i g e , das uns bei Luther so wohltuend berührt, ist bei Zeppelin in hohem Maße vorhanden. Und das ist's wohl hauptsächlich, was ihn zum Liebling des Volkes und der Jugend machte.

Aber glücklicher als dieser Vergleich mit Luther scheint uns der öfter wiederkehrende mit B i s m a r c k zu sein. Schon der Kopf erinnert ja an den ersten Kanzler des Deutschen Reiches. Und dann das Zähe, Ungebrochene, das Durchhalten trotz aller Hindernisse. Und auch hier das Urdeutsche, die echte Germanenart!

Als Zeppelin im Sommer 1912 die wohlgelungene Fahrt nach Hamburg gemacht hatte, erschien in der „Straßburger Post" von E. W. Z. ein hübsches Gedicht, worin es u.a. heißt:

Im Silberhaare steuert er,
Dem Föhn an Schnelle gleich,
In einer Nacht vom Fels zum Meer –
Das war ein Schwabenstreich!
Ich muss heut' denken immerzu,
Indes das Herz mir bebt:
Wenn doch der Alte von Friedrichsruh
Noch diesen Tag erlebt!
Junge, du hast ihn nicht mehr gekannt;

Ich aber, ich kannte ihn.
Das wär' eine Gruppe! Hand in Hand
B i s m a r c k   u n d   Z e p p e l i n !

Es ist vielleicht noch viel zu wenig bekannt, wie sehr auch B i s -
m a r c k s Werk auf seinen Glauben, sein Gottvertrauen gegründet
war. Ein Wort aus seinen Tischgesprächen während des Deutsch-
Französischen Krieges, das Moritz Busch mitteilt, scheint mir hier
ganz besonders zu passen: „Wie man ohne Glauben an eine geoffen-
barte Religion, an Gott, der das Gute will, an einen höheren Richter
und ein zukünftiges Leben zusammenleben kann in geordneter Weise,
das Seine tun und jedem das Seine lassen, begreife ich nicht. Wenn ich
nicht mehr C h r i s t wäre, bliebe ich keine Stunde mehr auf meinem
Posten. Wenn ich nicht auf meinen Gott rechnete, so gäbe ich gewiss
nichts auf irdische Herren. Ich hätte ja zu leben und wäre vornehm
genug. Warum soll ich mich angreifen und unverdrossen arbeiten
in der Welt, mich Verlegenheiten und Verdrießlichkeiten aussetzen,
wenn ich nicht das Gefühl habe, Gottes wegen meine Schuldigkeit tun
zu müssen? Wenn ich nicht an eine göttliche Ordnung glaubte, welche diese deutsche Nation zu etwas Gutem und Großem bestimmt
hätte, so würde ich das Diplomatengewerbe gleich aufgeben oder das
Geschäft gar nicht übernommen haben! Orden und Titel reizen mich
nicht. Ich habe die Standhaftigkeit, die ich zehn Jahre lang an den Tag
gelegt habe gegen alle möglichen Absurditäten, nur aus meinem e n t -
s c h l o s s e n   G l a u b e n . Nehmen Sie mir diesen Glauben und Sie
nehmen mir das Vaterland. W e n n   i c h   n i c h t   e i n   s t r a m m -
g l ä u b i g e r   C h r i s t   w ä r e ,   w e n n   i c h   d i e   w u n d e r v o l l e
B a s i s   d e r   R e l i g i o n   n i c h t   h ä t t e ,   s o   w ü r d e n   S i e
e i n e n   s o l c h e n   B u n d e s k a n z l e r   g a r   n i c h t   e r l e b t
h a b e n . Schaffen Sie mir einen Nachfolger mit jener Basis, und ich
gehe auf der Stelle. Aber ich lebe unter beiden. Ich will keine Prose-
lyten damit machen, aber ich habe das Bedürfnis, diesen Glauben zu
bekennen." Man antwortete ihm: die Alten, die Griechen, hätten doch
auch Selbstverleugnung und Hingebung gezeigt, sie hätten Vaterlandsliebe besessen und Großes getan mit ihr, man sei überzeugt, dass
viele Leute jetzt Gleiches täten aus Staatsgefühl, aus dem Gefühl der

155

Zusammengehörigkeit. Aber Bismarck erwiderte: Die Selbstverleugnung und Hingebung an die Pflicht gegen den Staat und den König sei bei uns nur der Rest des Glaubens der Väter und Großvater in verwandelter Gestalt, unklarer und doch wirksam, nicht mehr Glaube und doch Glaube. – Ein andermal hat Bismarck gesagt: „Die Kaiserkrone musste aus den französischen Bataillonen herausgehauen werden." Er selber hat wahrlich sein gut Teil dazu beigetragen.

Machen wir hier den Vergleich mit Z e p p e l i n . Die Krone der Ehren, welche die deutsche Nation unserem tapferen Grafen aufs Haupt gesetzt hat, er hat sie nicht im Schlaf gewonnen. Welch ein heißes Ringen ist ihr vorangegangen! Wie hat er uns durch seine ausharrende Geduld und seinen alle Hindernisse überwindenden Glauben auch ein prächtiges Vorbild für echtes, tatkräftiges Christentum gegeben!

Ja, Zeppelin war ein Deutscher, ein echter Deutscher. Das trat besonders stark bei den ihm dargebrachten Huldigungen und seinen Antworten darauf hervor. Es sei z.B. an die Rede erinnert, die der Graf im Sommer 1909 bei seiner Ankunft in F r a n k f u r t a. M. gehalten hat. Damals gingen die Wogen der Begeisterung hoch. So sehr feierten ihn die Frankfurter, dass es ihm selbst zu viel geworden war. Er äußerte sich später einmal: „Ich komme nicht gern nach Frankfurt." „Warum nicht?" „Weil die Frankfurter zu viel Wesens aus meiner Person machen." Nun, damals im Sommer 1909 brachte ihm allerdings die unabsehbare Menschenmenge eine großartige Huldigung dar. Der Graf erschien während des Essens im Vorraum vor dem Restaurant, um das Ständchen zu hören, das ihm der Neebsche Männerchor darbrachte. Entblößten Hauptes rief er dann den Versammelten zu: „Welchem Deutschen geht das deutsche Lied nicht zu Herzen? Und gar, wenn einem selbst ein Lied gewidmet ist? Es ist ein altes Wort: ‚Wir Deutsche fürchten Gott und sonst nichts auf der Welt!' Wenn es nun einem von uns gelungen ist, etwas zu finden, was man sich seit Langem wünscht, so gebührt nicht ihm der Dank, sondern a l l e i n Gott. D a s   i s t   d a s   G e f ü h l ,   d a s   e i n e m   D e u t s c h e n g e z i e m t !" Als Zeppelin diese goldenen, von echter Herzensdemut zeugenden Worte gesprochen hatte, brach ein unbeschreiblicher Jubel los, der auch noch lange nicht enden wollte, als der Gefeierte längst wieder im Saal Platz genommen hatte. Im Frühjahr 1913 weilte dann der Graf wieder einmal einige Tage in Frankfurt zu wichtiger Sitzung, ohne dass diesmal die Bevölkerung ihm besondere Ovationen bereitet hätte. Zeppelin hat einmal bei einer Gelegenheit – es war im Spätjahr des denkwürdigen Jahres 1909 – gesagt: „Ich kann alles andere eher halten als Reden." Man betonte demgegenüber: „W e l c h e R e d e n hat er gerade in diesem Sommer gehalten, und zwar meist aus dem Stegreif!" Es ist ja wahr, Zeppelin war nicht das, was man unter einem „Redner" versteht; mehr als ein Mann des Wortes war er ein M a n n d e r T a t . Aber man hat mit Recht gesagt: „Das Herz macht den besten Redner." Und wie manche wunderbar treffende und zündende Rede hat doch Zeppelin gehalten, weil s e i n H e r z redete. Die obige Rede in Frankfurt ist dazu neben vielen andern ein treffliches Beispiel.

Wir sprachen davon, dass das d e u t s c h e W e s e n dem Grafen besonders gefiel. So betonte er beispielsweise das auch in seinem Schreiben an den Oberbürgermeister von Konstanz, als er sich für die dort veranstaltete Sammlung für den nationalen Luftschiffbaufonds bedankte: „Darf ich Sie bitten, allen denen, die im Augenblicke der Not in großer Opferfreudigkeit meiner so freundlich gedacht haben, auszusprechen, dass ich durch diese großartige Kundgebung e c h t d e u t s c h e n v a t e r l ä n d i s c h e n S i n n e s tief ergriffen bin."

Die Landung des Zeppelinschen Luftschiffes in Echterdingen
(Nach einer Photographie von L. Schaller, Stuttgart)

Was sich seit dem Tag von Echterdingen ereignet hat

Welch eine Wendung durch Gottes Fügung!

König Wilhelm von Preußen
nach der Schlacht bei Sedan.

D er Tag von Echterdingen steht in der Geschichte der deutschen Luftschifffahrt als ein bedeutsamer Wendepunkt da. Was lauter Unglück und Unheil schien, das war durch Gottes wunderbares Walten zu einem Glück und zu einer früher in dem Maße nie geahnten Förderung geworden. Wir deuteten das in einem früheren Kapitel schon an. Welch ungeahnte Dimensionen hat doch die deutsche Nationalspende angenommen! Es waren bald etwa sechs Millionen Mark beisammen. Keiner wollte zurückstehen bei diesem großen nationalen Werke. Das fand auch in hohem Maße das Wohlgefallen des Deutschen Kaisers. Er äußerte sich dem Mitarbeiter des Grafen, Professor Hergesell, gegenüber, dass ihn seit langer Zeit nichts so sehr gefreut habe als diese E i n i g k e i t seines Volkes.

Und wie feuerte das den Grafen selbst an! Was er sich immer gewünscht hatte, das war nun mit einem Mal geworden, dass er nämlich als der Beauftragte des Deutschen Reiches und des deutschen Volkes sein Werk tun dürfe.

Wir möchten hier einen erfreulichen Gegensatz konstatieren gegen die Stimmung, die noch im Januar des Jahres 1908 herrschte. Damals sprach Graf Zeppelin am Schluss seines Vortrags, den er im Saal der Sing-Akademie zu Berlin hielt, den Gedanken aus, dass im Fall seiner Abberufung auch seine mit dem Werk so vertrauten Mitarbeiter dasselbe wohl nicht fortzusetzen vermöchten, wenn sie nicht g e t r a g e n w ü r d e n d u r c h d e n W i l l e n u n d W u n s c h d e s d e u t - s c h e n V o l k e s . „Und darum" – so schloss der Graf damals seinen

Vortrag – „sollten meine Worte hier mein T e s t a m e n t bedeuten, mit dem ich dem deutschen Volke vermache, was ich bis dahin schaffen durfte, auf dass es sich d i e S e g n u n g e n herausholen möge, die ihm darin noch schlummern." Nun, diese Segnungen hat sich ja jetzt das deutsche Volk herausgeholt. Es hat das zeppelinsche Werk zu dem seinigen gemacht. Alle wollten wie ein Mann mitarbeiten. Das war eine Segensfrucht aus dem Echterdinger Unglück.

Bedeutsame Worte hat übrigens hierüber Graf Zeppelin selbst gesprochen. Er veröffentlichte ein a l l g e m e i n e s D a n k s c h r e i b e n , in dem er u.a. Folgendes sagte: „Neben meinem eigenen festen Glauben an die Richtigkeit meiner Ideen ist nichts so sehr imstande gewesen, mich nach dem großen Unglück wieder aufzurichten und zu schleuniger Wiederaufnahme meiner Arbeit anzuspornen als der Gedanke, dass das ganze deutsche Volk, dem mein Wert von Anfang an gewidmet war, sich hinter mich gestellt und in beispielloser Begeisterung und Opferfreudigkeit mich mit den Mitteln ausgerüstet hat, das zerstörte Luftschiff durch ein neues, aufgrund der letzten Erfahrungen weiter verbessertes Fahrzeug zu ersetzen. Bewegten Herzens spreche ich dem ganzen deutschen Volke meinen innigsten Dank aus. Ich betrachte es als meine heilige Ehrenpflicht, mich des Vertrauens, das man mir entgegenbringt, würdig zu zeigen. Die herrliche nationale Kundgebung fasse ich als den Auftrag meines Vaterlandes auf, in der bisherigen Weise weiterzuarbeiten. Ich bin mir dessen bewusst, dass ich damit eine schwere Verantwortung auf mich nehme, aber der Wille des deutschen Volkes, Luftschiffe meines Systems als auserwählte Streiter in den Kampf um die Eroberung der Luft zu senden, wird mir Mut und Kraft verleihen, unbeirrt auf dem eingeschlagenen Wege fortzuschreiten."

Es war ja ein für die damalige Zeit recht modernes Unternehmen, als man im August 1908 den Grafen veranlasste, in ein G r a m m o p h o n hineinzusprechen. Er benutzte nun diesen Anlass, um ein tiefempfundenes W o r t a n d a s d e u t s c h e V o l k zu richten und seinen Dank und seine Freude über die nationale Einigkeit auszudrücken. Die „Favorit Record Company" hat den Auftrag erhalten, die Platten zu verkaufen und den Überschuss an den Zeppelinfonds abzuführen. Wir lassen den Wortlaut der Rede hier folgen:

„Die Fahrten meines Luftschiffes in das Herz der Schweiz und dann den Rhein hinunter nach Mainz und zurück über Stuttgart haben überall den Glauben erwachen lassen, das von mir verheißene sichere Durchfahren des Luftreiches sei der Erfüllung nahe.

Die gezwungenen Landungen während der Dauerfahrt und die schließliche Vernichtung des stolzen Fahrzeuges durch Sturmes- und Feuersgewalt haben das gewonnene Vertrauen nicht mehr zu erschüttern vermocht. Ganz Deutschland wie ein Mann, entschlossen, die kostbare Errungenschaft festzuhalten, hat sich zu der Tat zusammengetan, durch opferfreudige Gaben mir die Vollendung des Begonnenen zu ermöglichen.

Wie traurig wäre es, wenn das begeisterte Hoffen zuschanden würde, wenn der herrliche Aufschwung, den das deutsche Volk in dieser Sache genommen, im Sande verlaufen müsste – Gott sei Dank, wir brauchen diese Furcht nicht zu haben. Was Unkenntnis des wahren Sachverhalts auch an Zweifeln verbreiten mag, die fachmännische Untersuchung und die wissenschaftliche Beurteilung aller Vorkommnisse bei den Fahrten bis zum tragischen Ende haben das Zutreffen meiner alten Annahmen in allen Hauptsachen nur zu bestätigen vermocht.

Meine Luftschiffe werden bald zu den betriebssichersten Fahrzeugen zählen, mit welchen weite Reisen bei verhältnismäßig geringster Gefahr für Leib und Leben der Insassen ausführbar sind. Mit froher Zuversicht darf das deutsche Volk demnach annehmen, dass es sich mit seiner hochherzigen Spende einen gangbaren Weg zur wahrhaftigen Eroberung des Luftmeeres aufgetan hat; dass es bald im Besitz von Luftschiffen sein wird, die zur Erhöhung der Wehrkraft und damit zur Erhaltung des Friedens beitragen, und in mancherlei Weise dem Verkehr der Erderforschung und allerlei Aufgaben der Kultur dienen.

Wenn mir noch ein paar Jahre des Schaffens geschenkt werden, so werde ich das seltene, hohe Glück haben, den vollen Erfolg einer bedeutsamen Erfindung, zu deren Werkzeug ich erkoren war, erleben zu dürfen. Am höchsten aber ist Gott dafür zu preisen, dass mein Schaffen mit seinen wechselvollen Schicksalen in der Seele des deutschen Volkes eine allen gemeinsame und darum alle verbindende, begeisterte Teilnahme wachgerufen hat.

Mein Werk konnte nur wachsen und reifen, weil ich ausreichende Bildung zum Begreifen der mir gestellten Aufgabe und die Lebensstellung sowie die Mittel besaß, um mir das Wissen und Können, die Geschicklichkeit und die Leistung von Gelehrten, Ingenieuren und von Arbeitern jeder Art, vom Feinmechaniker bis zum Taglöhner, dienstbar zu machen. Alle waren unentbehrlich. Nur selten war ein Wechsel notwendig, da das gesteckte Ziel alle, ohne Unterschied des Stammes, der Lebensstellung, der religiösen und politischen Anschauung und des Besitzstandes, zum stolzen, freudigen Zusammenwirken begeisterte; und alle haben auch – mit Ausnahme bisher des kapitalgebenden Unternehmers – Vorteil und Verdienst dabei gefunden. Nur mit solcher geordneten Verbindung der verschiedenen abgestuften Gaben und Kräfte war das hohe Ziel zu erreichen.

So stellt der Erfolg meines Unternehmens ein Bild dar dessen, was sich heute einmal wieder in der herzerhebenden Weise in Deutschland vollzieht: Gleiches Wollen hat alle, Fürsten und Volk, reich und arm, alt und jung, zu gleicher Tat vereint, der die wertvolle Frucht nicht versagt bleibt.

Möchte die Freude des gesamten deutschen Volkes an seiner Tat es zu stets erneutem, einigem Zusammengehen, ohne welches die ihm innewohnende Kraft niemals zur Geltung kommen kann, anfeuern, zum Nutzen und zum Heile des Vaterlandes!"

In E c h t e r d i n g e n ist bekanntlich ein G e d e n k s t e i n errichtet worden, der unser Volk an eine große Stunde erinnert. Was hat doch dieser Stein dem kommenden Geschlecht alles zu erzählen von erschütterndem Ernst, von wunderbarer Bewahrung und von dem schönen erhebenden Zug glühender Begeisterung! Aber auch mahnend wird er gleichsam seine Stimme erheben und in alle Parteizerklüftung hineinrufen: Seid einig, einig, einig!

Am 22. August 1908 wurde dieser schlichte Gedenkstein aus dem Steinbruch bei Echterdingen geholt. Am 24. Oktober fand dann die feierliche Enthüllung statt. Graf Zeppelin hatte in einem Schreiben sein Bedauern ausgesprochen, dass er der Feier nicht beiwohnen könne; er hatte aber auch in seiner bescheidenen Art hinzugefügt, dass es ihm widerstrebe, sich bei einer solchen Gelegenheit in den Vordergrund zu stellen. Schön war es, dass man bei dieser Feier G o t t zuerst die Ehre gab, indem die Versammelten das Lied sangen: „Nun danket alle Gott." Dann erst ließ man Graf Zeppelin hochleben. Inzwischen war die Hülle des Gedenksteins gefallen. Dieser ist nahezu 600 Zentner schwer. Er trägt an der vorderen Seite eine 80 x 50 Zentimeter große Plakette, die ein Relief mit dem Brustbild des Grafen zeigt. Auf der Rückseite ist eine andere in drei Felder geteilte Plakette, deren mittleres Feld einen aus dichtem Gewölk fliegenden Adler zeigt, während links junge Mädchen dem Genius huldigen und rechts einige an die Erde gekettete Männer das Sehnen der Menschheit nach Befreiung verkörpern. Auf der Vorderseite des Steins befindet sich folgende Inschrift:

Mit dem Luftgeist hat er gerungen,
Den grimmen Feind siegreich bezwungen,
Aus Flammenglut stieg er empor,
Noch herrlicher wie je zuvor.
Der Deutschen Stolz, dem Recken kühn,
Ihm gilt der Stein – Graf Zeppelin.

Die Inschrift auf der Rückseite lautet:

Wie durch finsteres Gewölk der Aar steigt zum goldnen Lichte,
so durch Trübsal und Not kämpfte der Held sich zum Sieg.

Was nun den Grafen und seine Helfer von da an besonders beschäftigte, das war neben den fortgesetzten Arbeiten zur Erbauung der Luftschiffe die wichtige Frage, ob denn auch künftighin das Unternehmen in F r i e d r i c h s h a f e n bleiben solle, oder ob sich vielleicht eine andere Gegend dafür besser eigne. Es schwebte auch eine Zeit lang die Frage, ob man eine E i n i g u n g erzielen könne mit den Besitzern jener Landkomplexe, die für das Unternehmen geeignet waren. Diese Einigung kam glücklich zustande. Der Hauptbetrieb des Zeppelinschen Luftschiffbaus sollte also künftighin auf dem L a n d e sein. Das hierzu ausgesuchte Gelände ist ein schöner Fleck Erde, der

Der Zeppelin-Gedenkstein zu Echterdingen
(Nach einer Photographie)

von der Stadt Friedrichshafen, dem Vorort Hofen, der Anhöhe beim Friedhof, dem Orte Waggershausen und dem Riedlewald begrenzt ist. Das Gelände ist gegen widrige Winde genügend geschützt. Daneben sollten die Hallen auf dem Bodensee auch weiterhin benutzt werden. Dort war man in voller Tätigkeit, um neue Luftschiffe zu bauen, wozu die große Nationalspende die Mittel geboten hatte. Das Luftschiff Nr. 5 wurde noch größer als das verbrannte. Die ganze Nationalspende hatte der Graf seinem Werke zugewiesen und sein eigenes Vermögen dadurch nicht vergrößert. Es bildete sich nun unter der Firma:

„Luftschiffbau Zeppelin GmbH", eine Gesellschaft, deren Vorstand der Graf war. Im Falle seines Todes sollten ihm die Freiherren Max von Gemmingen (des Grafen Neffe) und Konrad von Bassus folgen. Die Stiftung sollte zur Förderung der Luftschifffahrt und zu ihrer Nutzbarmachung für die Wissenschaft dienen, auch industrielle Unternehmungen nach dieser Richtung hin unterstützen.

So machte denn in der folgenden Zeit das ganze Werk unseres Grafen den Eindruck emsigen Fleißes und fruchtbaren Schaffens. Auf die stille Arbeit in der Halle folgten wieder ganz prächtige A u f s t i e g e . Von diesen soll noch in Kürze geredet werden:

Schon am Nachmittag des 23. Oktober machte das renovierte Luftschiff eine Fahrt von dreieinhalb Stunden. Der Graf war diesmal nicht selbst darin. Die Leitung des Schiffes lag in den Händen seines Oberingenieurs Dürr. Es war eine wunderbare Fahrt, die in jeder Hinsicht gut gelang. Dieser Aufstieg war aber nur ein sogenannter „Werkstättenaufstieg". Es galt vor allem die Steuer und Motore auszuprobieren, die alle tadellos funktionierten. Am nächsten Tage wurde die Probefahrt wiederholt. Auch diesmal fiel die ruhige und sichere Fahrt des Schiffes allgemein auf. Es fuhr zur Konstanzer Bucht, machte unter den jubelnden Zurufen einer großen Zuschauermenge elegante Drehungen und kehrte nach etwa zwei Stunden nach Manzell zurück.

Es folgten dann aber noch etliche Fahrten, die mehr ö f f e n t l i c h e n C h a r a k t e r hatten und die Begeisterung für den edlen Grafen aufs Neue entfachten. Am 27. Oktober stieg mit dem Grafen Zeppelin Prinz H e i n r i c h v o n P r e u ß e n , der Bruder des Kaisers, an Bord des Luftschiffes. Es war eine wohlgelungene, herrliche Luftreise. Gegen 11 Uhr vormittags erhob sich das Fahrzeug, das nun den offiziellen Namen „Zeppelin l" trug, über dem Bodensee und nahm seinen Kurs nach Immenstaad, Markdorf und Überlingen. Dort harrte eine vielhundertköpfige Menge des interessanten Schauspiels. Dann ging's weiter über Singen und Schaffhausen. Nachdem dort noch der Rheinfall überflogen war, wurde nach einer schönen Kehrtschwenkung der Rückweg über Messenhofen und Stein eingeschlagen. Etwa um 14 Uhr überflog das Luftschiff die Stadt Konstanz. In raschem, aber ruhigem, sicherem Fluge glitt es über die Dächer der Häuser dahin. Man konnte gut die Personen in den Gondeln von den Straßen aus sehen. Schnell war es unseren Blicken wieder entschwunden. Nach fünfstündiger, glänzend verlaufener Fahrt kehrte es um 16.30 Uhr, nachdem es noch Rorschach und Lindau überflogen hatte, in die Manzeller Halle zurück. Prinz Heinrich wurde nicht müde, immer wieder seine Freude über das prächtige Luftfahrzeug auszusprechen. Eine Zeitung berichtete darüber noch Folgendes: „Strahlend vor Glück und Freude über das Erlebte wendete er sich in der Halle an den Grafen Zeppelin, schüttelte ihm lange und herzlich die Hände und sagte nach vielen Worten des Dankes und der Verehrung zu dem alten Herrn etwa: Ich habe schon lange Ihr Luftschiff für v o r t r e f f l i c h gehalten. Aber jetzt bin ich mehr, als ich sagen kann, überwältigt und entzückt von dem, was es mir bot. D i e s e r   T a g   i s t   e i n e r   d e r   s c h ö n s t e n m e i n e s   L e b e n s , und ich werde jetzt sofort a n   m e i n e n   B r u -d e r   t e l e g r a p h i e r e n und ihm erzählen, was Sie uns gegeben haben. Der Prinz hat sich entzückt über die Leistungen des Schiffes geäußert. E r   h a t   s e l b s t   d a s   S t e u e r   g e h a n d h a b t , im Nebel über den Überlinger See den Weg nach dem Kompass durch vorsichtiges Niedergehen gesucht, Schwenkungen gemacht, die Motore geprüft und geäußert, dass es kein Luftschiff, sondern ein wirkliches Schiff sei."

Dann war es am Nachmittag des 29. Oktober, als der Graf mit dem H e r z o g   A l b r e c h t   v o n   W ü r t t e m b e r g   e i n e   L u f t -r e i s e   m a c h t e . Das Schiff fuhr zunächst über den Schlosspark und das Hotel zum Deutschen Haus in Friedrichshafen, dann in der Richtung nach Ravensburg und Lindau und landete nach dreieinhalbstündiger schöner Fahrt wieder in Manzell. Freilich war diesmal die Landung durch den dichten Nebel sehr erschwert. Vom First der

Halle aus ertönten schon etwa eine Stunde vor der Landung unaufhörlich die Nebelhörner und die Nebelglocke, um dem Luftschiff den Weg zur heimischen Stätte anzudeuten. In großer Spannung fragte man sich, wird es dem kühnen Grafen auch gelingen, glücklich zu landen? Da hörte man ein dumpfes Surren. Schon wurde das in der Ferne erscheinende Luftschiff mit Hurra begrüßt, da verschwand es plötzlich wieder im Nebelmeer. Immer ertönten die Signale wegweisend in die Lüfte. Endlich kam das Schiff in weitem Bogen heran. E i n   l e t z - t e r   S t r a h l   d e r   u n t e r g e h e n d e n   S o n n e   d r a n g   d u r c h   d e n   N e b e l   und golden erglänzte das prächtige Fahrzeug in den Lüften. Dann verschwand es etwa um 18 Uhr in der Halle.

Auch die H e r z o g i n   W e r a   von Württemberg unternahm eine Fahrt mit dem „Zeppelin l". Am 2. November traf sie um die Mittagsstunde in Friedrichshafen ein; sie bestieg um 14.30 Uhr das Luftschiff und kehrte nach etwa einstündiger Rundfahrt wieder zurück, sehr befriedigt über die gut gelungene Luftreise.

Die bedeutendste Luftfahrt dieses Herbstes aber war die Fahrt des Grafen mit dem d e u t s c h e n   K r o n p r i n z e n   nach Donaueschingen zum Empfang des Kaisers. Wäre die Richtigkeit des Zeppelinschen Systems nicht längst bewiesen gewesen, dieser Tag hätte den glänzendsten Beweis geliefert.

Es war am Samstag, den 7. November 1908, einem kalten Herbsttag, als Graf Zeppelin mit dem Kronprinzen die schwimmende Halle in Manzell betrat, auf der die Reichsdienstflagge im Winde wehte. Mit warmen Kleidungsstücken und Decken versehen bestiegen sie das Luftschiff, das schnell flugbereit gemacht wurde. Rasch erhob es sich in die Lüfte, von brausendem Jubel einer zahlreichen Zuschauermenge umtönt. Der Kronprinz dankte aufs Liebenswürdigste und richtete dabei seinen photographischen Apparat auf das Bild, welches sich ihm darbot. Nun begann die Fahrt in nordwestlicher Richtung in einer Höhe von etwa 250 Meter. Mutig kämpfte das Schiff gegen den ihm in der Seite stehenden Wind. Er fuhr über Überlingen nach Singen gegen Donaueschingen. Dort wurde um 14 Uhr der kaiserliche Hofzug erwartet. Eine Viertelstunde früher traf der „Zeppelin" ein. Nachdem dieser das fürstliche Schloss umkreist hatte, fuhr er dem Hofzug entgegen. Ein einzigartiges Schauspiel war es, als das Luftschiff nun den Kaiser bis zur Schlosspforte begleitete. Zuerst war es der Begleiter des Hofzuges. Während der Kaiser den Zug verließ, schwebte es über dem Bahnhofgebäude. Und auch während der Wagenfahrt der hohen Herrschaften flog das Luftschiff mit, ganz nahe über ihren Häuptern, sodass der Kaiser seinen Sohn erkennen konnte. Fortwährend wurden Grüße ausgetauscht. Der Kronprinz warf auch einmal ein Brieflein hinunter, worin er seinem kaiserlichen Vater mit begeisterten Worten sagte, wie herrlich die Fahrt gewesen sei. Nachdem dann noch der Kaiser von der Terrasse des Schlosses aus die gewandten Bewegungen des Luftschiffes beobachtet hatte, trat dieses seine Rückreise an.

Währenddessen war man in Friedrichshafen in gespannter Erwartung. Wohl hatte man durchs Telefon von den Vorgängen in Donaueschingen Kunde erhalten, und auch der erste Teil der Heimreise des Luftschiffes war gemeldet worden, die letzte Kunde war von Konstanz gekommen. Aber nun wurde es dunkler und dunkler, und das Fahrzeug war immer noch nicht da. Nichts war zu sehen und zu hören. Endlich tauchten eben in den Wolken Lichter auf. Das waren die Lichter des Luftschiffes. Brausender Jubel drang wieder zum abendlichen Himmel auf. Und richtig erschien dann bald der „Zeppelin". Dort oben machte er seine Wendungen. Einmal neigte sich das Schiff so steil abwärts, dass man fast denken musste, es würde sich überschlagen. Aber gleich darauf lag es wieder in waagrechter Stellung. Jetzt machte es noch eine große Kurve und dann schoss es schnell auf sein Haus zu, an dessen Eingang große Bogenlampen weithin leuchteten und in dessen Innerem Hunderte von Glühlampen die Nacht taghell lichteten. Bald nach 18 Uhr war die Bergung beendigt. Es war die höchste Zeit, denn mittlerweile war vollends nächtliches Dunkel eingetreten. Die kühnen Luftschiffer hatten viel zu erzählen. In den oberen Regionen war es empfindlich kalt gewesen, so sehr, dass ihnen die Bärte vereisten; auch hatte man zeitweilig nur mit einem Motor arbeiten können, da der andere eingefroren war. Aber es war doch sehr schön gewesen. Der Kronprinz drückte wiederholt dem Grafen seine Anerkennung über den prächtigen Verlauf der Fahrt aus. Und der Kaiser lud den Grafen am nächsten Tag nach Donaueschingen ein, wo er ihn mit großer Liebenswürdigkeit empfing und ihm versicherte, wie sehr ihn die Leistung des Luftschiffes erfreut und ihn zu einem begeisterten Anhänger des starren Systems gemacht habe. Besonders habe ihm die genaue Innehaltung der Zeit imponiert; der Graf sei mit seinem Fahrzeug gerade zu der Zeit eingetroffen, wie er versprochen hatte.

Am Dienstag, den 10. November, traf der Kaiser mit seinem Gefolge in Manzell ein. Unter dem begeisterten Jubel einer vieltausendköpfigen Menschenmenge begaben sich die hohen Herrschaften zu Fuß in die L a n d h a l l e . Dort waren die Ingenieure und Mitarbeiter des Grafen zum Empfang aufgestellt. Auch mit der verehrten G e m a h l i n d e s G r a f e n , die unsere Leser bereits aus diesem Buche etwas kennengelernt haben, unterhielt sich hier der Kaiser längere Zeit. Nun ging es an eine eingehende Besichtigung der ganzen Anlage. Alles interessierte den Kaiser aufs Lebhafteste. Endloser Jubel erhob sich wieder, als der K a i s e r und der G r a f mit all den sie umgebenden Herrschaften zur R e i c h s h a l l e fuhren. Auch dort wurde alles in Augenschein genommen. Der Kaiser sprach sich sehr befriedigt aus. Er wünschte nun einen Aufstieg des Luftschiffes zu sehen und schlug vor, dass nach einiger Zeit die Passagiere des Schiffes wechseln sollten. Mit gespannter Aufmerksamkeit und anerkennenden Worten folgte er allen Bewegungen des Schiffes. Er stieg auf einen Salondampfer, von dem aus er alles gut sehen konnte. Majestätisch und sicher flog das Luftschiff dahin. Nach etwa einer halben Stunde ging es auf den See nieder, und die gewünschte Auswechslung fand statt. Der Fürst von Fürstenberg, der das Luftschiff jetzt verließ, war ganz begeistert von dieser kurzen Fahrt. Der Kaiser selbst bestieg das Luftschiff nicht. Als dieses nun zum zweiten Mal gelandet hatte, erfolgte seine Bergung in der Halle.

Darauf folgte ein w e l t h i s t o r i s c h e r M o m e n t , der zugleich durch seine Gemütstiefe außerordentlich wirkte. Der Kaiser und der Fürst von Fürstenberg traten an den Grafen heran, und die übrige Gesellschaft bildete einen Kreis um sie. Der Kaiser entnahm einem Etui, das der Fürst ihm darbot, den S c h w a r z e n A d l e r o r d e n , die allerhöchste Auszeichnung, die er zu verleihen hatte, und überreichte ihn dem Grafen. Der Fürst schlang das gelbe Band um die Brust Zeppelins, und der Kaiser sagte: „In meinem Namen und im Namen unseres g a n z e n d e u t s c h e n V o l k e s freue ich mich, Eure Exzellenz zu diesem h e r r l i c h e n W e r k e, das Sie mir heute so schön vorgeführt haben, aus tiefstem Herzen zu beglückwünschen. Unser Vaterland kann stolz sein, einen solchen Sohn zu besitzen, e i n e n d e r g r ö ß t e n D e u t s c h e n d e s 2 0 . J a h r h u n d e r t s, der durch seine Erfindung uns an einen neuen Entwicklungspunkt des Menschengeschlechts geführt hat. Es dürfte wohl nicht zu viel gesagt sein, dass wir heute e i n e n d e r g r ö ß t e n M o m e n t e i n d e r E n t w i c k l u n g d e r m e n s c h l i c h e n K u l t u r erlebt haben. Ich danke Gott mit allen Deutschen, dass er unser Volk für würdig erachtete, Sie den Unseren zu nennen. Möge es uns vergönnt sein, dereinst auch, wie Sie, mit Stolz an unserem Lebensabend sagen zu dürfen, dass es uns gelungen ist, s o e r f o l g r e i c h unserem teuren Vaterlande gedient zu haben. Als Zeichen meiner bewundernden Anerkennung, die gewiss alle Ihre hier versammelten Gäste und unser ganzes deutsches Volk teilen, verleihe ich Ihnen hiermit meinen hohen Orden vom Schwarzen Adler."

Dieser Augenblick im Leben des Grafen war insofern von ganz besonderer Bedeutung, als der Kaiser sich lange Zeit den eifrigen und selbstlosen Bemühungen Zeppelins gegenüber vollständig ablehnend verhalten hatte. Es war manchmal nicht leicht für den Grafen gewesen. Aber es ist bezeichnend für seine w a h r h a f t v o r n e h m e G e s i n n u n g , für seinen E d e l s i n n , ja seinen C h r i s t e n s i n n , dass auch bei den bittersten Erfahrungen niemals ein Wort des Unwillens oder auch nur des leisesten Tadels über seine Lippen kam. Immer sprach er mit der g r ö ß t e n E h r f u r c h t v o n d e m K a i s e r . Da ist mir Zeppelin manchmal w a h r h a f t g r o ß erschienen. Auch darin war er „ein Mann der Tat", dass er sich beherrschen und schweigen konnte – ein vorbildliches Verhalten!

Der Graf stand damals zuerst bescheiden da, dann mit aufleuchtenden Augen und sehr bewegt. Es war ein herrlicher, ein erhebender Augenblick und ein neues, glorreiches Ziel im tatenreichen Leben des edlen Mannes. Auch insofern war es ein glorreiches Ziel, als nunmehr d a s Z e p p e l i n s c h e L u f t s c h i f f i n d e n B e s i t z d e s D e u t s c h e n R e i c h e s ü b e r g i n g und sich damit endlich der längst gehegte Wunsch des Grafen erfüllte.

Dieu défend le droit = Gott hilft dem Recht zum Siege. So sagen wir auch hier wiederum im Blick auf die großen Ereignisse dieses Jahres, die mit dem Kaisertage einen so schönen Abschluss fanden.

Insel Mainau im Bodensee
(Aufnahme von Hauptmann a.D. Wilcke, Friedrichshafen)

Per aspera ad astra

O blicke, wenn den Sinn dir will die Welt verwirren,
Zum ew'gen Himmel auf, wo nie die Sterne irren!

Rückert.

A uch der Raue schreckt mich nicht!", hieß es beim Grafen. Durch viel Kampf und Not stieg er auf zu den Sternen. Schon längst hatte der Graf einen Besuch mit dem Luftschiff in Berlin versprochen. Immer hatten sich unüberwindliche Hindernisse in den Weg gestellt, bis es endlich doch gelang; und dann war die Freude umso größer, und die Begeisterung wollte schier kein Ende finden.

Ende August 1909 war's. Der Graf hatte eine Zeit körperlichen Leidens hinter sich. Man war's an dieser zähen Soldatennatur gar nicht gewöhnt, dass sie auch krank sein könne. Und doch musste man damals um ihn in Sorge sein. Ein böses Karbunkelgeschwür am Hals hatte einen operativen Eingriff und einen Aufenthalt im Konstanzer Krankenhaus nötig gemacht. Ein rührendes Bild bot sich zu jener Zeit im dortigen Spitalgarten den Gästen mehrmals dar. Die greise Großherzogin L u i s e v o n B a d e n , die auf der nahen Mainau weilte, kam öfter, um nach dem kranken Grafen zu sehen. Und nun die beiden Alten im Garten! Die Großherzogin für den Grafen treu und mütterlich besorgt, und der Graf in seiner ritterlichen und liebenswürdigen Weise für die Großherzogin besorgt, dass kein Luftzug ihr schade und sie geschützt sitze. Bange Wochen waren es für die Familie und all seine Freunde.

Aber mit Gottes Hilfe erholte sich der Graf bald so weit, dass er nun doch an die Reise nach des Reiches Hauptstadt denken durfte. Zwar fuhr er auf Wunsch des Kaisers nicht die ganze Strecke mit dem Luftschiff, sondern benützte bis Bitterfeld die Eisenbahn. Aber welch lange, bange Stunden musste er dort in steter Erwartung seines Schiffes durchkämpfen! Es hatte unterwegs einen Propeller verloren und musste daher sehr vorsichtig fahren. Am 28. August 17.30 Uhr abends fuhr es dann über Leipzig, und eine Stunde später landete es endlich glatt in Bitterfeld. Schon hatte man in der Bevölkerung die Hoffnung aufgegeben. Für den Grafen war's keine angenehme Situation. Der deutsche Kronprinz und der Herzog Adolf Friedrich von Mecklenburg hatten sich zu ihm gesellt. Im Automobil begaben sich die drei Herren in der Richtung nach Leipzig. Da kommt ihnen endlich der Luftkreuzer entgegen, und zurück ging's eilends nach Bitterfeld. Einer Zeitung aus jenen Tagen entnehmen wir die folgende interessante Schilderung: „Die Scharen strömten zum Landungsplatz zurück, der um 18 Uhr gedrängter voll war denn je. Und jetzt wusste auch jeder, dass es ernst sein müsse mit dem Kommen des ‚Zeppelin III'. Offiziere sprengten über das Feld; die Absperrungen wurden verstärkt. Eine Spannung, die von Minute zu Minute stieg, bemächtigte sich der Harrenden. Alle blickten gen Süden. Eine aufregende Viertelstunde, und dann ein Ruf, der tausendfach widerhallt. Jemand hat einen lichten Streifen am Horizont entdeckt und darauf hingedeutet. Es ist der Luftkreuzer! Langsam nähert er sich. Da ertönt ein Hupensignal. Graf Zeppelin und Herzog Adolf Friedrich von Mecklenburg sausen in das Gelände. Sie kommen nicht weit, die Menge umringt sie; langsam gelangen sie bis zur inneren Absperrung und von da zum Ankerplatz. Ein zweites Signal: der Kronprinz. Dieselbe Szene. Jetzt hat er den Ankerplatz erreicht und sich zum Grafen gesellt. Die Zuschauer wenden sich wieder dem Luftschiff zu. Das ist jetzt in der nächsten Nähe. Und nun ereignet sich eine Szene, spontan und überwältigend, wie sie gewiss noch nie gesehen wurde. Die Absperrung war gut und kraftvoll, Soldaten, Matrosen, Gendarmen, schwere Taue, Stacheldrähte – alles war aufgewendet, aber wo blieb all dies in der nächsten Minute! Ein einziger frenetischer Aufschrei aus vielen tausend Kehlen und dann wie auf ein gegebenes Signal: Sturm. Da gab es kein Halten. Querfeldein ging es, als gelte es eine Festung zu nehmen. Kinder, Frauen fielen. Man sprang über sie hinweg. Die berittene Gendarmerie sprengte der anstürmenden Menge entgegen; es nutzte nichts. Sie musste weichen oder ein Blutbad anrichten, und so riss sie die Köpfe ihrer Pferde herum und ritt zurück. Mit geschwungenem Säbel wurde nunmehr versucht, dem Ansturm Einhalt zu gebieten. Es nutzte alles nichts. Und in dem Moment, wo das Luftschiff den Boden berührte, waren die Gondeln von Tausenden umringt. Und als die Soldaten das Fahrzeug zur Ankerschleife zogen, marschierte die Menge, ‚Deutschland, Deutschland über alles' singend, im Takte mit, direkt unter dem Schiff, zwischen den Gondeln und um diese herum. Es war, als trage die Menge das Schiff auf ihren Schultern. Und noch lange, nachdem ‚Zeppelin III' festgemacht war, wankten und wichen die Leute nicht. Eine Anrede des Grafen Zeppelin ging in dem gewaltigen Lärm verloren. Die Herren sahen abgespannt und müde aus. Die Nacht verlief ruhig. Pioniere hielten Wache beim Luftschiff. Den verlorenen Propeller konnte man nicht so schnell ersetzen, aber mit der Nachfüllung von Gas und Wasser wurde sogleich begonnen, und am andern Morgen 7 Uhr war der Kreuzer flugbereit. Trotz des herrschenden dichten Nebels gab der Graf, der nun die Leitung seines Schiffes übernommen hatte, den Befehl ‚Anlüften!', dann hieß es ‚Los!', und das Luftschiff entfernte sich mit großer Schnelligkeit unter brausendem Jubel der Menge in der Richtung nach Berlin. Der Kronprinz war noch am Abend im Auto nach Berlin zurückgefahren."

Der Graf hatte von Bitterfeld aus angefragt, wann die Abfahrt befohlen werde. Darauf hatte der Kaiser ein langes Telegramm geschickt, in dem er die Hoffnung aussprach, den Grafen mit seinem Luftkreuzer um 12 Uhr über dem Tempelhofer Felde zu sehen.

Um 11.15 Uhr näherte sich das Fahrzeug der Hauptstadt. Es wurden noch verschiedene Manöver ausgeführt, um die Ankunft des Kaisers abzuwarten. Dann – wir folgen hier wiederum den damaligen Zeitungsberichten – um 12.30 Uhr begrüßte das Luftschiff über dem Tempelhofer Felde den Kaiser. Es neigte sich mehrmals und fuhr sodann unter dem Glockengeläute der benachbarten Kirchen und den Jubelrufen Hunderttausender über das Tempelhofer Feld, über die Straßen und Dächer der Gebäude in weitem Bogen nach dem Kreuzberg und kehrte dann wieder an den Standplatz des Kaisers zurück, wo es die verschiedensten Wendungen, Drehungen und Manöver ausführte. Es herrschte prachtvolles Wetter.

Auf dem Tempelhofer Felde erwartete im Sonnenschein ein nach vielen Hunderttausenden zählendes Publikum das Herannahen des Luftschiffes, das mit geradezu militärischer Pünktlichkeit erschien.

Wer erwartet hatte, dass die Massen beim Erscheinen des Luftkreuzers in stürmischen Jubel ausbrechen würden, der sah sich zunächst enttäuscht. Es lag wie eine w e i h e v o l l e S t i m m u n g über der Menge, als das Luftschiff seine Kreise über den weiten Plan zog. Es war, als fühlte jeder d e n A n b r u c h e i n e r n e u e n Z e i t. Nur hin und wieder brach ein Jubelruf los, der zuletzt brausend in die Höhe drang, so mächtig, dass das Surren der Propeller darin unterging, ein Jubelruf, der dem greisen Grafen sagte, dass die zeitweilige Stille eine Stille der Ehrfurcht war vor ihm und seinem großen Werke. Über eine Viertelstunde fuhr „Zeppelin III" in einer Höhe von 150 bis 200 Meter seine majestätischen Kreise. Dann flog er in etwas beschleunigtem Tempo nach Norden zu, um auch die übrigen Teile Berlins sein wundervolles Werk schauen zu lassen. Der große Eindruck, den des Grafen Lebenswerk ausgeübt hatte, wirkte nach und bewirkte, dass die Menge trotz der Schwierigkeiten, die sich dem Verkehr entgegenstellten, die Ruhe und Würde bewahrte, welche die Pflicht gegen den großen Erfinder auferlegt.

Vom Tempelhofer Feld fuhr das Luftschiff etwa zehn Minuten vor eins nach dem Königlichen Schloss, umfuhr, die Spitze abwärtsneigend, das Schloss und wandte sich dann gegen das Rathaus, dessen Turm ebenfalls umfahren wurde. Der Turm war von Mitgliedern des Magistrats, Beamten und Gästen dicht besetzt. Eine Musikkapelle auf dem Turm begrüßte das Luftschiff mit dem Lied „Deutschland, Deutschland über alles". Der Ballon wandte sich zur Straße „Unter den Linden" und fuhr über diese hinweg bis zum Brandenburger Tor. Hierauf fuhr es in großem Bogen über die nördliche Friedrichsstadt und die Oranienburger Vorstadt und wendete sich dann wieder dem Schloss zu. Das Luftschiff wandte sich hierauf nach dem Friedrichshain, wo eine große Menge Schulkinder zur Begrüßung des Ballons Aufstellung genommen hatte, und nahm dann wieder die Richtung über das Rathaus nach der Leipziger Straße, über die Friedrichsstraße hinweg nach dem Tiergarten und wandte sich dann wieder nach dem Norden.

Um 13.15 Uhr kamen in Automobilen vom Tempelhofer Feld der Kaiser und die Kaiserin, der Kronprinz und die Kronprinzessin und die übrigen Prinzen. Das Luftschiff erschien ab und zu über den

Föhren, die das Schießgelände umgeben. Um 13.40 Uhr fuhr es über dem Ostrand des Exerzierplatzes, machte einen Bogen nach Norden und schwenkte dann nach dem Ankerplatz ein. Um 13.46 Uhr wurde aus der vorderen Gondel das erste Tau geworfen. Hierauf senkte sich die Spitze des Luftschiffes, da in der vorderen Gondel mit Ausnahme eines Fahrtteilnehmers alle andern Platz genommen hatten, so stark, dass das Luftschiff in einem steilen Winkel zur Erde stand. Als das Vorderteil an den Ankertauen von den Soldaten festgehalten war, gingen die Fahrtteilnehmer nacheinander durch den Verbindungsgang nach der hinteren Gondel und brachten durch diese Gewichtsveränderung auch den hinteren Teil des Luftschiffes zur Erde nieder. Auch hier ergriffen Soldaten die Haltetaue und führten das Luftschiff zu dem zum Ankern vorgesehenen Platz. Um 13.51 Uhr berührte die vordere Gondel den Erdboden. Während der Kaiser den Grafen Zeppelin begrüßte, intonierte eine aufgestellte Militärkapelle das Lied: „Deutschland, Deutschland über alles". Nach der Begrüßung durch den Kaiser hießen die Kaiserin und die andern Mitglieder der kaiserlichen Familie den Grafen herzlich willkommen. An der Spitze der Stadtvertreter von Berlin hielt Bürgermeister Dr. Reicke folgende Ansprache an den Grafen: „Hochverehrter Herr Graf! Per aspera ad astra! So hat Berlin Ihnen zugerufen, als auch Sie vor Jahresfrist das alte Erfinderschicksal ereilte, durch die Hand der Elemente noch einmal Ihr ganzes Werk infrage gestellt zu sehen. Mit einer beispiellosen Einmütigkeit, die uns Deutsche, Gott sei Dank, wieder einmal fühlen ließ, dass wir ein Volk sind, ist Deutschland damals Ihnen beigestanden, und wir Berliner sind dabei wahrlich nicht die letzten gewesen. Dass Sie nach Überwindung mancher Widrigkeiten der langen Fahrt als der schon gestern sehnsüchtig erhoffte Stern am Himmel der Reichshauptstadt aufgestiegen sind, ist der schönste Lohn für unsere Liebe, die nach Lohn nie für uns, sondern nur für Sie getrachtet hat. Wenn auch aus der Höhe, die Sie sich erobert haben, Ihnen eine Stadt wie die andere erscheinen muss, so wird doch die Begeisterung von drei Millionen, die in dieser Stunde mit Rufen und Fahnenwehen zu Ihnen emporgelodert ist, Ihnen gesagt haben, dass hier im Herzen des Landes, unter den Augen unseres allverehrten, geliebten Kaisers, auch das Herz des Volkes am lautesten schlägt jedem großen Mann und jeder großen Tat. Dass Sie uns beides bringen, der Menschheit wieder einmal das langersehnte Schauspiel gewährend, wie dem Verdienst das Glück sich gesellt und Überzeugung und Mut endlich zum Ziele führen, macht Sie zum Helden und Führer, zum L i e b l i n g d e s V o l k e s. Als solchen heißt durch meinen Mund heute auch die Stadt Berlin Sie willkommen und ruft Ihnen mit Herzlichkeit die gestern in ihren Kehlen steckengebliebenen Glückwünsche zu: Weiter ad astra!" Nachdem Bürgermeister Dr. Reicke seine Rede geschlossen hatte, sagte der Kaiser: „Seine Exzellenz Graf Zeppelin hurra, hurra, hurra!" Die Anwesenden stimmten begeistert ein. Alsdann besichtigte der Kaiser, während die Kapelle konzertierte, die Gondeln und die Art der Verankerung

Hierauf begaben sich die Majestäten, die den Grafen Zeppelin in ihre Mitte genommen hatten, zum Auto. Dort ließ der Kaiser seinen Gast zuerst in sein Auto einsteigen und setzte sich darauf links neben ihn. Die Kaiserin und die Prinzessin Viktoria Luise folgten im nächsten Auto und hieran die andern hohen Herrschaften. Um 14.10 Uhr verließ man den Ankerplatz auf der Chaussee nach Charlottenburg. Der Kaiser und Graf Zeppelin wurden vom Publikum mit stürmischen Hochrufen begrüßt.

Die Herrschaften begaben sich gemeinsam ins königliche Schloss, wo Frühstückstafel stattfand.

An der Tafel beim Kaiserpaare nahm Graf Zeppelin im dunklen Jackett, wie er vom Luftschiff kam, sowie Direktor Colsman, Oberingenieur Dürr und Oberingenieur Kober teil. Der Kaiser trank während des Mahles jedem dieser Herren zu. Nach dem Frühstück zeigte sich der Kaiser wiederholt mit dem Grafen Zeppelin am offenen Fenster. Die im Luftgarten versammelte Menge brach in donnernde Hochrufe aus und sang „Die Wacht am Rhein" und „Deutschland, Deutschland über alles". Graf Zeppelin nahm im kaiserlichen Schloss Wohnung.

Als der Graf nachher einmal das Bild sah, das ihn mit dem Kaiser im Wagen sitzend darstellt, sagte er: „War es nun nicht nett vom Kaiser, dass er mich zu seiner Rechten sitzen ließ und dazu sagte: ‚Sie müssen die Grüße erwidern; denn sie gelten I h n e n, nicht mir!?'" Dabei erzählte er dann, wie freundlich und herzlich ihn die Majestäten im Schloss behandelt hätten, wie besorgt der Kaiser um seine Gesund-

heit gewesen sei. Als der Kaiser am Nachmittag zu den Flottenmanö-
vern nach Swinemünde verreisen musste, empfahl er den Grafen der
besonderen Obhut der Kaiserin. „Lass ihn ruhen", sagte Se. Majestät
zu seiner Gemahlin, „nur einmal muss er sich dem Volke zeigen!"
richtig, die Kaiserin ließ ihren Schützling ruhen in dem für ihn so
bequem eingerichteten Zimmer, bis sie einmal ganz leise hineinkam,
den Grafen an der Hand nahm und zum Balkon führte. „Majestät, bitte
voraus!", sagte ritterlich der Graf. „O nein", antwortete die Kaiserin,
„Sie müssen voraus; denn das Volk will Sie sehen, nicht mich." Gehorsam schritt der Graf auf den Balkon, die Kaiserin bescheiden hinter
ihm drein. Was für ein Anblick bot sich ihm nun dar! Eine unendliche
Menschenmenge und ein Jubelrufen und Hurrarufen ohne Aufhören!
Der Graf war tief gerührt über solche Begeisterung. Am Abend des
30. August trat er dann in einem kaiserlichen Salonwagen die Rückreise an. Als er denselben bestiegen hatte, setzte der Jubel der Bevölkerung aufs Neue wieder ein. Der Graf war ergriffen von diesen erneuten
Sympathiebeweisen der Berliner Bevölkerung. Er hielt vom Kupee-
fenster aus eine Ansprache. Auch hier gab er wieder Gott die Ehre:
„Ich danke Ihnen und Ihren Mitbürgern für die warme und begeisterte
Aufnahme, die ich nicht nur bei dem Kaiser und seinem Hause, sondern auch bei der ganzen Bevölkerung gefunden habe. Sie wissen, dass
es schon lange mein Wunsch war, nach Berlin zu kommen. Wenn es
mir jetzt trotz vieler Zwischenfälle, die mich hier auf der Fahrt getroffen haben, gelungen ist, s o h a b e i c h d a s G o t t e s H i l f e z u
d a n k e n . Nochmals meinen herzlichsten, innigsten Dank!" – „Auf
Wiedersehen!", riefen die Berliner. Der Graf versprach es einzurichten, und der Zug setzte sich in Bewegung

Kurz nachher kehrte der Graf für einige Tage wieder in seinem stillen Landsitz ein. Viel Arbeit und viele stürmische Ovationen waren in
den Wochen vorher vorausgegangen. Viel Leid und viel Freud hatte
er erfahren. Zu allen andern Lasten war noch „die Last der Berühmt-
heit" gekommen, die er zwar mit Liebe und Geduld ertrug, aber doch
manchmal recht drückend empfand. Ich sah ihn in seinem Wagen an
meinem Pfarrhaus vorüberfahren und freute mich für ihn, dass er einmal frei von Menschen war. Da sandte ich ihm das folgende Gedicht
zu seinem Landgut hinauf, das kurz vorher die Königin Elisabeth von

Rumänien (Carmen Sylva) ihrem Gemahl, König Carol, zum 70. Geburtstag gedichtet hatte. Wohl selten hat ein Gedicht so zur augenblicklichen Lage und Stimmung Zeppelins gepasst wie gerade dieses, das nicht für ihn gedichtet war. Der Graf hat sich denn auch darüber gefreut und mir später gesagt, wie sehr ihm diese Verse aus der Seele gesprochen seien:

Die Last des Siebzigjährigen.

Wenn man der siebzig Jahre
Und ihrer Last gedenkt,
Dann weiß man nicht die Hoheit,
Die jener Zahl geschenkt.

Dann ahnt man nicht die Nächte,
Die schlaflos zugebracht,
Dann zählt man nicht die Ängsten,
Das Weh, das man durchwacht.

Und trägt man eine Krone,
So war der Jahre Last
Noch schwerer, und im Alter
Kommt immer keine Rast.

Die Arbeit muss getan sein,
Wie müd auch da sich fühlt,
Den aller Tage Mühsal
Mit Feuerglut umspült.

Doch ist das Leben köstlich,
Das Müh und Arbeit war,
Der Wind geht durch der Ernte
Gewoge, und das Haar

Ist nicht umsonst gefallen,
Vergebens nicht gebleicht,

Was Gott hat aufgetragen, –
Es ist mit Gott erreicht!

Im September 1909 bestieg an einem Donnerstag gegen 12 Uhr mittags der K ö n i g v o n S a c h s e n mit dem Grafen Zeppelin in Friedrichshafen bei herrlichstem Wetter das Luftschiff. Sie fuhren über den Bodensee, über Konstanz und den Rhein. Ich sah den schönen Luftkreuzer, wie er so prächtig, majestätisch dahinfuhr, und fragte mich, wohin wohl die Reise gehen solle. Da machte er plötzlich eine Wendung nach links und fuhr unserem Dorfe Emmishofen zu. Rasch glitt das schöne Schiff dahin, bis es über Girsberg, dem Landsitz des Grafen, kreuzte. Dann ging's noch einmal über unsere Häupter hinweg. Ganz nah kam's uns. Wir grüßten hinauf, die Herren grüßten herunter, und wie ein Pfeil war's wieder fort. Der König von Sachsen soll nachher in Friedrichshafen gesagt haben: „D a s w a r d e r s c h ö n s t e Tag meines Lebens!"

Erneute Kämpfe und Siege

Wer das Beste will, muss das Bitterste kosten.

Lavater.

Wenn wir es im Folgenden versuchen, die Weiterentwicklung des genialen Werkes unseres Grafen zu überblicken, so drängt sich uns eine ganze Fülle von Ereignissen auf. Es ging – wie wir das bei Zeppelin nicht anders gewohnt sind – ü b e r H ö h e n u n d d u r c h T i e f e n . Trotz mancher Hindernisse und Unglücksfälle, die den neu erbauten Luftschiffen widerfuhren, hatten wir doch zu Anfang des zweiten Jahrzehnts unseres Jahrhunderts den wohltuenden Eindruck, dass es ein Werk sei, das sich in den wenigen Jahren seines Bestehens zu einer Höhe emporgearbeitet hatte, die immer wieder mit Recht die Bewunderung aller Zeitgenossen hervorrief. Auf jede Niederlage folgte ein neuer Sieg. Jede Demütigung war Anlass zu neuem Eifer und zu neuen Erfolgen. Jedes Opfer, das beklagt werden musste, hatte ein Auferstehen und eine größere Entfaltung zur Folge. Dabei durfte immer noch mit Dank bezeugt werden, dass bei all den großen Verlusten doch noch nie der Verlust eines Menschenlebens zu beklagen war. Und wenn es uns in den früheren Auflagen dieses Buches hauptsächlich darum ging, d i e P e r - s o n d e s G r a f e n aus seinem Werk hervorleuchten zu lassen, so dürfen wir auch heute noch nach Jahren betonen, wie sehr sich sein g o l d l a u t e r e r C h a r a k t e r bei all den mannigfachen Ereignissen bewährt hat. Wir haben keine Veranlassung, irgendetwas von dem zu streichen, was wir damals über ihn gesagt haben. Und das will viel heißen bei solch einem Maß von Freud und Leid, von Ehre und Schmach, von Erfolg und Verlust, wie es selten in einem Menschenleben zusammentrifft. Dem gab damals ein Zeitgenosse den folgenden treffenden Ausdruck:

„Als dem Grafen Zeppelin der große Wurf gelungen war, als die erstaunte Welt sein Werk umjubelte, da schien der große Mann auf der Höhe menschlichen Erfolges zu stehen. Aber schnell genug zeigte es sich, dass die Arbeit und der Kampf nun erst begannen. Es galt ja nunmehr, die epochenmachende Erfindung den menschlichen Interessen dienstbar zu machen. Und da erst erhoben sich nun die härtesten Widerstände. An den siegreichen Aufstieg zur lichten Höhe hefteten sich immer aufs Neue dunkle Schatten – Todesschatten. Es ist, als wollten die tückischen Mächte den Menschen den Sieg nicht lassen. Hohnlachend schmettern sie sein Werk und ihn selbst in furchtbarem Todessturze auf die Erde oder begraben es in den Fluten des Meeres.

Im Mittelpunkt dieser Tragik menschlicher Kulturarbeit steht d i e h o h e G e s t a l t d e s G r a f e n Z e p p e l i n , d e r w i e k a u m e i n Z w e i t e r d a s R i n g e n u n s e r e r Z e i t m i t d e n w i d e r s t r e b e n d e n M ä c h t e n d e r N a t u r v e r k ö r p e r t , e i n M a n n z ä h e r E n e r g i e , der sich durch all die Schicksalsschläge, die seinem epochemachenden Werke beschieden sind, wohl tief demütigen, aber nicht aufhalten lässt. Immer näher tritt über all den bitteren Enttäuschungen der greise Kämpfer unserem Herzen. D a s i s t e i n e G e s t a l t , d i e w i e k a u m e i n e a n d e r e u n s e r e J u g e n d z u e r n s t e m R i n g e n b e g e i s t e r n k a n n . Ihn in seinem persönlichen Wesen und in seinem Werdegang wie in seinem gegenwärtigen Schaffen kennenzulernen, hat hohen erzieherischen Wert für den Gegenwartsmenschen. Nichts vermag unsere Jugend besser für den sittlichen Kampf zu gewinnen, nichts ihr mehr Sinn und Verständnis für den Zusammenhang sittlicher Tüchtigkeit mit echtem Lebenserfolg zu schaffen, als die konkrete Darstellung dieser Wahrheit an einem Lebenswerk, das immer noch im Vordergrunde der heutigen technischen Kulturarbeit steht." Wie sehr gelten diese Worte, die einst noch zu Lebzeiten des Grafen geschrieben worden sind, gerade heute wieder im Blick auf die außerordentlichen Fortschritte dieses Kulturwerkes!

Lassen wir nun in schnell wechselnden Bildern die wichtigsten Ereignisse jener Zeit an unserem geistigen Auge vorüberziehen!

Drei stolze Luftschiffe gingen im Jahre 1910 zugrunde. Bei W e i l - b u r g riss der Luftkreuzer „Zeppelin II" unerwartet von der Verankerung los, nachdem er gerade eine neue Gasfüllung bekommen hatte. Das führerlose Schiff brach mitten durch und blieb in den Bäumen auf dem Webersberg hängen. Es war total zerstört. Das war im April 1910.

Im Juni desselben Jahres ist dann das Passagierluftschiff „D e u t s c h l a n d" im T e u t o b u r g e r W a l d gestrandet und bald lag's als armes Wrack zwischen den Bäumen. Es hatte vorher durch einen starken Sturm etwa 300 Kilogramm Benzin verloren und dadurch einen großen Auftrieb erhalten. Durch widrige Winde wurde es hin- und hergetrieben und ging in den Wolken einfach durch. Als die eigentliche Ursache der Havarie betrachtete man das Versagen des Motors im entscheidenden Augenblick, weil dadurch das Luftschiff zum Sinken gebracht wurde. Ältere Leser werden sich noch an die Trauer erinnern, die damals auf diese Kunde hin die Herzen aller Deutschen durchzog. Besonders wehmütig musste es einen berühren, wenn da und dort vereinzelte Stimmen laut wurden, die da meinten, das S y s t e m des Luftschiffes sei infrage gestellt. Aber längst sind diese Zweifel durch die glänzenden Erfolge wieder verweht.

Und dann kam im September desselben Jahres eine neue Hiobspost. Das Luftschiff „L. Z. IV", das in Oos bei Baden-Baden stationiert war und von dort aus erfolgreiche Passagierfahrten unternahm, wurde durch Feuer gänzlich vernichtet. Das Schiff lag in der Halle, Arbeiter waren damit beschäftigt, mit Benzin das Getriebe zu reinigen. Da brach plötzlich in der hinteren Gondel Feuer aus, die Flammen schlugen hoch empor und zerstörten trotz aller Löschversuche das ganze Luftschiff in wenigen Minuten.

In der n e u e n „D e u t s c h l a n d" erhob sich aus der Asche der zerstörten Luftschiffe wieder ein stolzer Phönix. Eine seiner ersten Aufgaben war eine Huldigungsfahrt nach Stuttgart zur Silberhochzeit des württembergischen Königspaares. Am 7. April 1911 überflog es gegen 13 Uhr mittags das Residenzschloss, wo Graf Zeppelin an einem Fallschirm eine Blumenspende herabfallen ließ, landete dann auf dem Cannstatter Wasen und fuhr nach eineinhalbstündiger Pause über Karlsruhe nach Baden-Baden, wo es um 16.15 Uhr ankam. Von dort wurde es nach D ü s s e l d o r f gebracht. Aber kaum hatte es von dort aus einige gelungene Fahrten gemacht, da ereilte es das Schicksal seiner Genossen. Als es am 16. Mai 1911 morgens um 10 Uhr aus der Halle gezogen wurde, erhob sich plötzlich ein heftiger Wind, der das Luftschiff gegen die Halle zurückdrängte. Und ob auch 200 Personen versuchten, das Schiff zu halten, der Wind riss es mit elementarer Gewalt empor, schleuderte es auf das Dach der Halle und zerbrach es in drei Teile. Mit Not konnte die Feuerwehr die Fahrgäste und Bedienungsmannschaft retten.

Graf Zeppelin schrieb in einem Briefe an den Oberbürgermeister der Stadt Düsseldorf über das Unglück, welches das Luftschiff „Deutschland" betroffen hatte: „Zur Beruhigung gereicht es mir, nach den von mir persönlich gemachten Erhebungen erklären zu können, dass bei dem jüngsten Missgeschick, von dem das Luftschiff ‚Deutschland' betroffen wurde, nicht nur niemand ein Verschulden trifft, sondern im Gegenteil alle Beteiligten, an der Spitze der Leiter Dr. Eckener, für ihr entschlossenes, zweckentsprechendes Handeln alles Lob verdienen. Auch den Zuschauern, die auf Ansuchen der Leitung bereitwillig Hilfe leisteten, gebührt bester Dank."

Glücklicherweise waren die Ursachen, welche die Katastrophe herbeiführten, ebenso sicher erkennbar, wie für die Zukunft leicht zu beheben. Die Deutsche Luftschifffahrt AG glaubte, gestützt auf an andern Orten gemachte Erfahrungen, der Stadt Düsseldorf Kosten ersparen zu können, indem sie erklärte, eine Halle mit nur einem Ein- und Ausgang biete auch hier genügende Sicherheit. Das erwies sich aber als ein Irrtum, weil im Zusammenhange mit der Umgebung und der Bodengestalt des sonst vorzüglich geeigneten Platzes das Umspringen und Wechseln in der Stärke des Windes hier besonders häufig vorkommt.

Aber auch der Untergang dieser zweiten „Deutschland" konnte den rastlos weiterarbeitenden Grafen nicht entmutigen. Das Luftschiff „Schwaben" begann nun seine Fahrten. Und es waren prächtige Schwabenstreiche, die es zum Erstaunen der Menschheit ausführte. Unter persönlicher Führung unseres kühnen Luftschiffers fuhr es am 20. Juli morgens 8.30 Uhr über St. Gallen nach Luzern und landete um 13.45 Uhr wieder vor der Halle. In fünfeinviertel Stunden diese ganze Fahrt! Da ist doch auch die liebe St. Galler Jugend, die so lange auf den Grafen gewartet hatte, endlich noch auf ihre Rechnung gekommen. Am 11. August stellte sich die „Schwaben" zur Kaiserparade in M a i n z ein. Am 6. September trat dieses stolze Luftschiff von Baden-Baden eine Fernfahrt über Karlsruhe, Mannheim, Frankfurt nach G o t h a an und landete dort glatt. Zwei Tage darauf fuhr es in glänzender, nur sechseinhalbstündiger Fahrt von Gotha über Leipzig nach Berlin und dann über Potsdam nach Gotha zurück. Am 17. September fuhr es auch in sechseinhalb Stunden nach Düsseldorf. Dann begab es sich nach prächtig gelungener Fahrt in die Halle zu Baden-Baden.

Von Baden-Baden aus hat die „Schwaben" das Reich durchquert und ist über der Reichshauptstadt erschienen, ein neuer Beweis der Brauchbarkeit des starren Systems.

Das Luftschiff „Schwaben" war ein v e r b e s s e r t e r T y p der bisherigen Zeppelinkreuzer, der erforderlich wurde, als vom Kriegsministerium größere Geschwindigkeiten verlangt worden waren. Die Änderungen sind allerdings nicht groß. Das vordere Höhensteuer verschwand, und das hintere Ende hat längere Auslauflinien erhalten. Die Geschwindigkeitsversuche haben ein außerordentlich befriedigendes Resultat, bis zu 70 Kilometer Stundengeschwindigkeit und darüber, ergeben. Das nur für den P a s s a g i e r v e r k e h r e i n g e r i c h t e t e L u f t s c h i f f enthielt eine e l e g a n t e K a b i n e a u s A l u m i - n i u m, in der bis zu 2 4 P e r s o n e n Unterkunft finden konnten. Anschließend daran folgten die Wirtschaftsräume.

Im Oktober 1911 handelte es sich dann darum, dass das Luftschiff „L. Z. IX" sein Examen bestehe, um als Militärluftschiff übernommen zu werden. Am 18. Oktober abends 19 Uhr stieg es von Baden-Oos aus zu einer Dauerfahrt auf. An Bord befand sich als sicherer Leiter Graf Zeppelin in Begleitung der militärischen Abnahmekommission. Nach 20 Stunden hatte es seine Dauerfahrt glücklich beendet und traf wieder in Baden-Oos ein. Am andern Tage legte es dann in knapp vier Stunden den Weg von dort nach Friedrichshafen zurück.

Bei einer andern größeren Fahrt dieses Militärluftschiffes geschah es einmal, dass bei der Heimkehr ein dichter Nebel auf dem See und der Uferlandschaft lagerte, während das Schiff hoch über dem Nebel in glänzendem Sonnenschein fuhr, aber die bergende Halle nicht fand. Endlich fuhr das Luftschiff durch den Nebel und kündete durch eine rote Fahne an, dass es landen wolle. Die Landung war nicht leicht, da der Ballon durch die lange Fahrt in der Sonne einen starken Auftrieb hatte. Doch ging sie endlich glücklich vonstatten.

Eine gelungene Fahrt machte im November 1911 das Luftschiff „Schwaben". Es nahm zu einer Fahrt über Potsdam und Berlin die kaiserlichen Prinzen und einige andere Hohenzollernprinzen an Bord. Bei wunderschönem Wetter ging die Fahrt vor sich. Beim Umkreisen des Neuen Palais in Potsdam standen der Kaiser, die Kaiserin und die Prinzessin Viktoria Luise auf der Freitreppe und wechselten Grüße mit ihren Lieben in den Lüften droben.

Leider ist dann im Sommer 1912 auch dieses herrliche Luftschiff zerstört worden, nachdem es mehr als 200 glückliche Fahrten gemacht hatte. Es verbrannte vollständig. Mehrere Personen wurden verletzt, doch niemand tödlich. Die „Schwaben" war von Frankfurt nach Düsseldorf zurückgekehrt, konnte aber wegen starken Windes nicht in die Halle gebracht werden. Vor derselben verankert, wurde das Schiff dann vom Wind zerrissen, das Gas entzündete sich und die Explosion war da. Mit der „Schwaden" waren nun sechs Zeppelinschiffe zerstört! Diese Niederlagen waren groß und schwer, aber die Siege und Erfolge waren doch noch größer.

Welch glänzende Fahrten hat z.B. das schöne Luftschiff „V i k t o - r i a   L u i s e " ausgeführt, das lange Zeit im Luftschiffhafen zu Frankfurt a. M. stationiert war. Es hat im Jahre 1912 in circa sieben Monaten eine Gesamtstrecke von 25 681 Kilometer zurückgelegt. Diese Strecke entfällt auf 183 Fahrten, sodass die durchschnittliche Länge jeder Fahrt etwa 140 Kilometer betrug. Diese Fahrten wurden innerhalb von 215 Tagen in 121 Fahrtagen ausgeführt. Die gesamte Fahrdauer betrug 457 Stunden. Die durchschnittliche Geschwindigkeit 56 Kilometer. 3 902 Personen wurden bei diesen Fahrten befördert.

Als die „Viktoria Luise" im März 1912 ihre offizielle Abnahmefahrt über den Bodensee machte, befanden sich gerade der deutsche Kronprinz und die Prinzessin Viktoria Luise auf der Rückreise von St. Moritz zwischen Rorschach und Lindau auf dem See. Das Luftschiff überflog den Dampfer und warf eine Depesche an die Prinzessin auf den Dampfer herab, die vom Kronprinzen aufgefangen wurde und folgenden Inhalt hatte: „Von Bord der Viktoria Luise entbietet der hohen

Patin derselben ehrerbietigsten Gruß Graf Zeppelin." Die „Viktoria Luise" durfte auch an den Jubiläumsfeierlichkeiten im Juni 1913 in Berlin teilnehmen.

Eine andere bemerkenswerte Fahrt der „Viktoria Luise" war die zwölfstündige Fahrt von Frankfurt nach Amsterdam am 18. Juni 1912. Von dort ging's über die Nordsee nach Hamburg und nach Helgoland. Auch die Düppeler Schanzen und die Insel Alsen überflog die „Viktoria Luise" und nahm auf der Insel Westerland Sylt eine Landung vor. Im Herbst 1912 treffen wir die wackere „Viktoria Luise" wieder am Bodensee an, von wo sie einmal bei einer Geschwindigkeit von teilweise 90 Kilometer in zwei Stunden nach München fuhr.

Auch das Luftschiff „H a n s a " hat prächtige Fahrten ausgeführt. Es unternahm am 30. Juli 1912 seine ersten Reisen und fuhr dann Anfang August von Friedrichshafen nach Hamburg, wo es wohlbehalten ankam. Von dort unternahm es unter Führung des Grafen Zeppelin eine Fahrt nach Helgoland, wo es an der Flottenparade teilnahm.

Als eines der schnellsten aller Zeppelin-Luftschiffe hat sich das Militärluftschiff „Z. Ill" erwiesen. Dasselbe wurde in Metz stationiert. Am Abend des 31. Mai 1912 machte dieses Schiff eine Fahrt von Friedrichshafen nach Hamburg, die einen neuen Sieg in der Geschichte der Luftschifffahrt bedeutete und ein glänzendes Zeugnis für alle Zeppelin-Luftschiffe abgab. Der Graf legte die etwa 700 Meter lange Strecke[12] in zehneinhalb Stunden zurück. Acht Stunden eher, als man vorausgesehen hatte, langte das Schiff in Hamburg an. Die Windverhältnisse hatten sich als bedeutend günstiger erwiesen, als bei der Berechnung vorausgesetzt worden war. Von den andern Luftschiffen sei noch das Marineluftschiff „L. I" erwähnt. Es war das 14. Luftschiff des Grafen Zeppelin und das erste Luftschiff für die deutsche Marine. Bei den wohlgelungenen Probefahrten dieses Luftkreuzers hatte unser Graf die Genugtuung nun auch das volle Vertrauen der Marineverwaltung gewonnen zu haben. Trotz Kälte und Wind stand der greise Graf selbst am Steuer, als es galt, die Tüchtigkeit seines neuen Schiffes zu beweisen.

---

12   Anm. des Verlags: Hier handelt es sich vermutlich um einen Schreibfehler. Gemeint sind 700 *Kilo*meter.

Es war ein mächtiger Koloss, dieses neue Marineluftschiff. Z e h n
M e t e r l ä n g e r als das längste aller seitherigen, im Ganzen 158
M e t e r. An Kubikinhalt übertraf „L. l" das Schwesterschiff der
Militärverwaltung „Z. II" um 5 000 K u b i k m e t e r. Im gleichen
Verhältnis, 17 500 zu 22 500, wuchs natürlich auch das Flugvermö-
gen, „der Atem" des Fahrzeuges. Die Motorenstärke war von 450 bei
drei Maschinen auf 510 gestiegen. Die Kabine zeigte n e u a r t i g e
K o n s t r u k t i o n. J e z w e i g r o ß e F e n s t e r a u f b e i d e n S e i -
t e n, g l e i c h d e n e n u n s e r e r l - Z ü g e, jedoch mit Marienglas geschützt, boten einen freien, ungehinderten Ausblick. Dahinter
waren noch vier kleinere verschließbare Öffnungen. Die mächtigen
Propeller waren vorn zwei-, hinten vierflügelig.

Im März 1913 gab's wieder einen Verlust eines Zeppelinballons zu
verzeichnen. Das Militärluftschiff „Ersatz Zeppelin l", das von Baden-
Oos aus zu einer Nacht- und Dauerfahrt aufgestiegen war, landete am
andern Tage nachmittags in Karlsruhe. Ein Windstoß erfasste dort die
Spitze des Schiffes und stieß sie auf den Boden, dass sie zerbrach. Zu
gleicher Zeit knickte auch die Mitte durch. Das war seit der Katastrophe von Echterdingen und der daran sich anknüpfenden Nationalisie-
rung des Werkes der siebente Unglücksfall.

Im Juni machte der Luftkreuzer „L. Z. 19" mit der Abnahmekommission an Bord seine Probefahrt und landete glatt an der Frankfurter
Luftschiffhalle. Wir sind uns bewusst, dass wir hier ein Stück längst
vergangener G e s c h i c h t e des Luftschiffes geboten haben. Die
neuere Zeit wird später noch zusammenfassend kurz behandelt.

Wir fahren zunächst mit den Ereignissen der d a m a l i g e n Zeit
fort. Schon lange hatte der Graf dem greisen österreichischen Kaiser
seinen Besuch mit einem Luftschiff in Aussicht gestellt. Es wollte aber
immer nicht gelingen, bis endlich im Juni 1913 die Fahrt mit dem Luftschiff „Sachsen" aufs Schönste vonstattenging. Am 9. Juni nachmittags
gegen 14 Uhr konnte Kaiser Franz Joseph vom Balkon seines Schön-
brunner Schlosses aus die Bewegungen des Luftschiffes beobachten.
Das Schiff fuhr ganz nahe an das Schloss heran und brachte 100 Meter
über den das Schloss umgebenden Menschenmassen dem Kaiser seine
Huldigungen dar. Nach der glücklichen Landung auf dem Flugplatz
in Wien, auf dem historischen Felde von Aspern, wurde dem Grafen

von der Stadt Wien ein begeisterter Empfang zuteil. Der Bürgermeister Dr. Weißkirchner sagte in seiner Ansprache unter anderem: „Wir freuen uns des heutigen Tages als eines neuerlichen Erfolges deutschen Geistes und deutscher Kraft. Wir freuen uns auch, mit Bewunderung auf Se. Exzellenz blicken zu dürfen, den Gott begnadigte, der größte Erfinder auf diesem Gebiete zu sein. Gott schütze, Gott erhalte den Grafen Zeppelin bis an die äußerste Grenze des menschlichen Lebens! Gott gebe ihm Gesundheit und Kraft, auch weiter seinem Kaiser zu dienen!" Der Graf dankte mit bewegten Worten. Im Namen der Stadt Wien sandte der Bürgermeister an die Gräfin Zeppelin ein Begrüßungstelegramm. Am andern Tage war der Graf zum Kaiser nach Schloss Schönbrunn geladen, woselbst der Monarch dem Grafen aufs Herzlichste für seinen Besuch dankte. Für die Rückfahrt wurde Zeppelin ein Salonwagen zur Verfügung gestellt. Es war wieder einmal eine Triumphfahrt gewesen, die in den Annalen der Geschichte der Luftschifffahrt als ein denkwürdiges Ereignis nicht fehlen darf. Aber ob es auf die höhen menschlichen Ruhmes hinauf oder in die tiefsten Tiefen menschlichen Schmerzes hinunter ging, blieb unser Graf sich gleich in seinem demütigen Gottvertrauen. D a s s o l l u n s e i n Vo r b i l d b l e i b e n a u c h f ü r u n s e r L e b e n.

Der 75. Geburtstag des Grafen

Gott regiert die Welt; und die Geschichtsauf-
gabe ist das Aufspüren dieser ewigen, ge-
heimnisvollen Ratschlüsse.

Alexander von Humboldt.

Es ist charakteristisch, dass der Graf diesen Tag in F r i e d -
r i c h s h a f e n , der Stätte seiner Arbeit, und umgeben von
seinen zahlreichen Arbeitern gefeiert hat. Er blieb stets der
M a n n d e r T a t . Ohne ernste Arbeit können wir ihn uns nicht
denken. Am Vorabend fand ein Festessen statt, an dem auch die bür-
gerlichen Kollegien teilnahmen. Bis tief in die Nacht hinein blieb der
Greis inmitten der Gäste. Mehrmals bestieg er mit jugendlicher Frische seinen Stuhl, um sich für die Worte, die an ihn gerichtet wurden,
zu bedanken. Als ihm eine Turnerriege, die sich aus seinen Arbeitern gebildet hatte, ihre Leistungen vorführte, meinte er, es sei kein
Wunder, wenn solche gewandte Leute Luftschiffe bauen könnten. Im
Anschluss daran war eine großartige Beleuchtung des Bodensees und
ein Fackelzug.

Die Stadt Stuttgart hatte schon am Samstag vorher den Geburtstag ihres Ehrenbürgers festlich begangen. Das Rathaus und die umlie-
genden Gebäude waren prächtig illuminiert. Der ganze Marktplatz
erstrahlte durch Tausende von Glühbirnen im hellsten Lichtmeer.
Die Menge zählte wohl 10 000 Köpfe. 50 Gesangvereine hatten ihre
Sänger gesandt und ließen ihre schönsten Weisen erschallen, die in
dem Choral „Die Himmel rühmen des Ewigen Ehre" austönten. Als
Graf Zeppelin erschien und mit herzlichen Worten dankte, da wuchs
die Begeisterung so stark, dass sie schier nicht enden wollte. Ja, die
Schwaben waren stolz auf ihren Grafen! Sie haben ja auch das erste
Anrecht auf ihn. Aber „er ist unser", so sprach jeder Deutsche, so spra-
chen auch – und sie in allererster Linie –s e i n e M i t a r b e i t e r .

In ihrer Mitte hatte der Graf den Geburtstag selbst, den 8. Juli, verbringen wollen. Auf den Nachmittag lud er alle seine Angestellten zu einer Fahrt und einer Mahlzeit ein. Trotz regnerischen Wetters fuhren zwei Extradampfer mit Zeppelins Leuten über den Bodensee bis zum Waldhaus Jakob. Es waren nicht weniger als 650, die unter Vorantritt der Ulmer Ulanenkapelle von dort aus landeinwärts marschierten und an dem schön gelegenen und zu diesem Anlass festlich geschmückten Restaurant „Friedrichshöhe" haltmachten. Alle verfügbaren Räume waren schnell gefüllt. Es war ein fröhliches Volksfest, das der Graf mit seinen Arbeitern feierte.

Auch eine Anzahl Konstanzer Freunde und Offiziere des Regiments hatten sich dazu eingefunden.

Alle offiziellen Ansprachen sollten nach der Anordnung des Jubilars unterbleiben. Aber wes das Herz voll ist, gehet der Mund über. Die treu gemeinten und kurzgefassten Glückwünsche, die ihm von allen Seiten ausgesprochen wurden, konnte der liebe Graf trotz all seiner Bescheidenheit denn doch nicht verhindern. Nun kennt man ja das. Wenn bei solchen Anlässen einer anfing, den Grafen Zeppelin hochleben zu lassen, dann wuchs die Begeisterung schnell an, und niemand konnte sich ihrer erwehren. Sie riss unwillkürlich alle mit sich fort. Diesmal riss sie aber auch den Grafen aus der Mitte seiner Gäste fort. Und das kam so. Der jugendfrische Greis sprang kurz entschlossen zum Fenster hinaus, um sich so den Ovationen zu entziehen. Aber bald war er wieder von seinen Getreuen umjubelt. Er benutzte den Anlass, um eine Ansprache zu halten, die mit brausenden Hochrufen aufgenommen wurde. Bei strömendem Regen stand der Graf auf einer Anhöhe an einem Kruzifix und ließ den ganzen langen Zug an sich vorbeimarschieren, bis er endlich den für ihn bereitstehenden Wagen bestieg; den Abend verbrachte er dann im engsten Familienkreise.

Natürlich wurde des Grafen auch in weiteren Kreisen allenthalben ehrend gedacht. Hoch und nieder sandten Telegramme, Briefe und Geschenke. Der K a i s e r sprach dem Grafen telegraphisch seine wärmsten Glückwünsche aus und sagte unter anderem: „Kaiser und Reich sind stolz auf den kühnen Bezwinger des Luftmeeres." Auch der K r o n p r i n z und seine Gemahlin begrüßten ihn von Danzig aus: „Mit jedem Deutschen freuen wir uns von Herzen, dass Ew. Exzellenz den 75. Geburtstag so rüstig feiern können, und hoffen zu Gott, dass Ihnen noch viele glückliche und damit dem Vaterlande gesegnete Jahre beschieden sein möchten." Dass der langjährige Freund und Gönner des Grafen, der K ö n i g W i l h e l m v o n W ü r t t e m b e r g mit seiner Gemahlin unter den Gratulanten nicht fehlten, können wir uns denken, denn mit größtem und liebevollstem Interesse hat dieser Fürst allezeit das Werk Zeppelins verfolgt. Auch zahlreiche andere Fürstlichkeiten und Würdenträger sandten ihre Grüße und Wünsche. Die Stadt Konstanz überreichte dem Grafen durch eine Abordnung als Ehrengabe ein Glasgemälde, welches das Inselhotel, bekanntlich das Geburtshaus des Grafen, und die Familienwappen Zeppelins darstellte. Die Stadt F r i e d r i c h s h a f e n beschloss, ein Z e p p e l i n - M u s e u m zu gründen. Seine Arbeiter überreichten dem Grafen das Modell eines seiner Schiffe, in Aluminium ausgeführt. Zu Wohlfahrtszwecken der Beamten und Arbeiter der Werke Zeppelins wurde am Geburtstage des Grafen von der Gesellschaft Luftschiffbau Zeppelin eine Stiftung von 20 000 Mark gemacht.

Noch eines dürfen wir nicht unerwähnt lassen. Am Vormittag gegen 11 Uhr an diesem denkwürdigen Tag führte der Graf sein 2 0 . S c h i f f zum ersten Mal in die Lüfte. Auch seine Tochter und sein Schwiegersohn, Graf und Gräfin von Brandenstein-Zeppelin, bestiegen das Schiff, und neben dem Jubilar begab sich auch sein bewährter Mitarbeiter Direktor Dürr an Bord. Ein ergreifendes Bild mag es gewesen sein, als dieses neue schöne Schiff unter der sicheren Führung seines Erfinders sich erhob und unten die Menge in Begeisterung das Lied „Deutschland, Deutschland über alles" anstimmte. Eine halbe Stunde dauerte diese erste Fahrt von „L. Z. 20", d i e G e b u r t s t a g s f a h r t Z e p p e l i n s . Dann landete das Schiff glatt vor der Halle.

Auch einige Verse, die zu diesem Ehrentage des Grafen gedichtet wurden, mögen hier noch ihre Stelle finden; wir entnehmen sie dem bekannten „Stuttgarter Sonntagsblatt":

Der uns die Luft erobert wunderbar,
Hat nun erflogen fünfundsiebzig Jahr![13]

---

13   Psalm 90, 10.

Vielstimmig rauscht es durch die Lande hin:
   H o c h   Z e p p e l i n !

Indessen beugt der Graf sein greises Haupt
Vor Ihm, des er geharrt, dem er geglaubt:[14]
Er hat in Ruhm gewandelt mir den Spott:
   E h r e   s e i   G o t t !

Ihm danken wir für diesen großen Mann,
Der deutscher Kraft ein neues Reich gewann!
Wir flehn zu ihm für unsern Zeppelin:
   G o t t   s e g n e   i h n !

O lenke Du mit festem Steuergriff
Des Grafen und des Vaterlandes Schiff –
Durch Sonnenschein wie Wind und Wolkenflor –
   Z u   D i r   e m p o r !

Wenige Wochen vor dem 75. Geburtstag Zeppelins hatte der Kaiser sein 25-jähriges Regierungsjubiläum gefeiert. Eine gar sinnige und schöne Spende hatte die deutsche Nation zu diesem Tage gesammelt: eine Gabe für die M i s s i o n e n   i n   d e n   d e u t s c h e n   K o l o - n i e n . Auch der Graf war ein Förderer dieser Nationalspende. Es war seinem Herzen eine Freude, dass gerade auf diese Weise und zu diesem Zwecke das deutsche Volk seine Huldigung für den Kaiser darbrachte. Zeppelin äußerte bei dieser Gelegenheit: „Dass der Kaiser die christliche Weltanschauung als Grundlagen der deutschen Gesittung ansieht und dass sie die Grundlage seines eigensten Wesens ist, hat er oft klar und bestimmt vor aller Welt bekannt." Wie schön stimmen hier die beiden Männer zusammen! O, dass jeder Deutsche das empfände und zurückkehrte zum Glauben an den lebendigen Gott und zu dem Evangelium, das er uns geoffenbart hat! Welche Kräfte und Gaben würden dann entbunden! Welch eine Zeit des Segens würden wir dann erleben!

---

14   Jes. 40, 31.

Arbeiten und nicht verzweifeln

In serviendo consumor

(Im Dienste verzehre ich mich).

Das letzte Kapitel hat von dem 75. Geburtstag des Grafen erzählt. Auch nach diesem Tage, der ihn ja doch zu völliger Ruhe von so mühevoller Arbeit berechtigt hätte, gab sich der Unermüdliche angespanntester Tätigkeit hin. Oft arbeitete er bis tief in die Nacht hinein. Immer war er mit dem Ausbau und den Verbesserungen der Luftschiffe beschäftigt. Er nahm z.B. auch Interesse an der Entwicklung der Dornier-Flugzeuge. In den ersten Monaten des Jahres 1914 weilte der Graf oft zur Arbeit in Friedrichshafen. Am 7. Februar war ein Aufstieg, die Fahrt ging über Nürnberg nach Potsdam; von Leipzig bis Berlin fuhr man nur eine Stunde.

Besonders aber seit dem Ausbruch des Weltkrieges war intensive Arbeit sein Los. Es handelte sich nun darum, seine Schiffe für Kriegszwecke brauchbar zu machen. Dadurch kam seine Erfindung zu einer raschen Förderung. Viel hatte der Graf durch Verhandlungen mit Marinebehörden und dem Kriegsministerium zu tun. Nur kurze Stunden waren ihm zuweilen im Kreise seiner Familie in dem gemütlichen Heim am Herdweg in Stuttgart vergönnt. Immer musste er wieder zu Sitzungen und Besprechungen nach Friedrichshafen fahren. Besonders mit Dr. Eckener hatte er viel wegen Verbesserungen der Schiffe zu beraten. Es war eine recht angestrengte Zeit für den alten Herrn.

Aber wir müssen nun auch noch auf die damaligen Schwierigkeiten und Hemmungen in seiner Arbeit zu sprechen kommen:

Graf Zeppelin hat es lebhaft bedauert, seine Schiffe als Kriegswaffe nicht so einsetzen zu können, wie er es sich gedacht und für wirksam gehalten hatte. Infolge Zögerns und Zweifelns der maßgebenden Stellen war er in seinen Unternehmungen sehr gehindert. Manche haben seine Pläne für grausam gehalten. Aber sie waren viel barmherziger, als sie schienen; denn er hoffte gerade dadurch den Krieg abzukürzen und größeres Leid zu verhüten. Er wollte eine ganze Flottille von Schiffen gleichzeitig nach England schicken, um durch einen kräftigen Schlag womöglich einen entscheidenden Sieg herbeizuführen. Wäre es nicht barmherziger gewesen, auf einmal eine freilich große Zerstörung anzurichten, statt durch eine so lange Dauer des Krieges den Jammer und die Not zu vermehren? Da es ihm aber verwehrt war, konnten nur einzelne, oder höchstens zwei bis drei Schiffe hinübergeschickt werden, und das in größeren Zeitabständen. So war ihre Wirksamkeit natürlich sehr beeinträchtigt. Dazu kam noch, dass die Engländer sich rasch in der Abwehr der Luftschiffe einübten. Es geschah das durch hochgehende, mit Geschossen ausgerüstete Flugzeuge. Diese Behinderung gehörte auch wieder zu den vielen Leiden und Enttäuschungen des Grafen. Und er litt umso mehr darunter, als er ja nur das Wohl des Vaterlandes und die baldige Befreiung von dem Elend des Krieges im Auge hatte. Er empfand tief schmerzlich die schwache Haltung unserer damaligen Diplomatie dem feindlichen Ausland gegenüber und wünschte einen Mann herbei, der den Mut hätte, aufzutreten, statt der beständigen Angst, hier und da anzustoßen oder im Ausland etwa Ärgernis zu erregen. D e r M a n n d e r T a t w o l l t e T a t e n t u n u n d k o n n t e n i c h t.

Dennoch leisteten die Zeppelin-Luftschiffe wertvolle Hilfe im Kriege, besonders durch Beobachtung und Meldung über den Standort feindlicher Seeschiffe. Auch in der Schlacht bei Skagerrak taten sie diese Dienste. Wohl wurden viele Luftschiffe vernichtet; aber es wurde auch unermüdlich weiter gebaut.

Auch hat es der Graf sehr bedauert, nicht mehr selbst am Kriege sich beteiligen zu können und nicht selbst seine Luftschiffe gegen den Feind führen zu dürfen. Da brach eben der Geist des alten Reiteroffiziers wieder bei ihm durch. Man denke an seine Bravourstücke, die er in den früheren Feldzügen geleistet hatte! Damals war er jung. Aber auch der 77-Jährige hatte noch Feuer in sich und wäre zu großen Heldentaten noch fähig gewesen, wenn ihm die Arme nicht gebunden worden wären.

Er ließ es sich aber wenigstens nicht nehmen, mehrere Jahre während des Krieges an Weihnachten ins Feld zu reisen und bei seinem früheren Regiment, den 19er-Ulanen, mitzufeiern. Und welche Freude war's jedes Mal, wenn er bei seinen Kameraden und den Soldaten erschien! Es ging ja von seiner tapferen, freundlichen Art, sich zu geben, etwas Belebendes aus. Wer konnte sich gehen lassen oder feige zurücktreten, wenn er den jugendfrischen Greis sah, dessen Herz so freudig schlug für die Rettung seines Vaterlandes und dem all die Not und Sorge seines Volkes auf der Seele lag.

Bei all den Arbeiten und Sorgen, die den Grafen in den Kriegsjahren in Anspruch nahmen, fehlten ihm auch die Freuden nicht. Besonders waren es seine heranwachsenden Enkelkinder, die ihm seinen Lebensabend so verschönerten. Wie hat er sich z.B. gefreut an dem ersten Brieflein seines ältesten Enkeltöchterchens! Überhaupt waren diese letzten Jahre trotz des großen Kampfes, in dem seine Seele sich befand, und der so starken Anteilnahme seines treuen Herzens am Elend des Krieges wie ein mildes Abendleuchten. Denn nun neigte sich sein Tag dem Ende zu.

Dr. Eckener

Zum Sterben bereit

Es weiß es keiner, ders nicht erlebt,
Wie's ist, wenn einer die Flügel hebt
Und leise, leise sich auf die Reise,
Die letzte, macht.
Es weiß es keiner, dems nicht geschah,
Wie's ist, wenn einer nun nicht mehr da,
Wenn leer die Stätte des, den man hätte
So gerne noch hier.
Es weiß es keiner in dieser Zeit,
Wie's ist, wenn einer zur Ewigkeit
Nun eingegangen und all sein Verlangen,
Auf einmal gestillt.

Diese Verse, welche einst an der Bahre Zeppelins vor seiner Überführung nach Stuttgart gesprochen worden sind, setzen wir dem Kapitel voraus, das von seinem Heimgang erzählen soll. Der Graf war ein zum Sterben stets bereiter Mann. Darum konnte ihm auch ein eigentliches „Altern" trotz seines hohen Alters erspart bleiben. Er ist aus dem vollen Leben und Wirken herausgenommen worden. Freilich, wer Augen hatte, zu sehen, der konnte ja doch einen Zug in seinem Angesicht beobachten, der auf das Ende hindeutete. Er sah oft recht müde und abgespannt aus. Aber er blieb der Mann treuester Pflichterfüllung bis zuletzt.

Einige Beispiele möchte ich hier einflechten, die von seiner Sterbebereitschaft bereits in früherer Zeit Zeugnis ablegen: Es ist etwa 35 Jahre her. Da erfuhr der Graf zufällig von einem Krankenbesuch, den ich in meiner Gemeinde am Bodensee bei einem sterbenden Bauernmädchen machte. Die Kranke starb schnell. Aber vor ihrem Tode leuchtete bei dem sonst so stillen Menschenkinde ein frisches, fröhliches Glaubensleben auf. Da sprach mich eines Tages der Graf an: „Nun, ich höre, Ihre Patientin ist entschlafen; aber es soll ja ein solch schöner Tod gewesen sein! Ja, wenn man bereit ist zum Sterben!" Er brauchte nicht mehr zu sagen. Sein leuchtendes Auge sagte mir genug.

Noch längst ehe er im letzten Jahrzehnt seines Lebens seine große Arbeit begann, die von einem solchen Erfolg begleitet war, dachte er an seinen Abschied von dieser Welt. Ich erinnere mich, wie er einmal in früheren Jahren einen neuen Pachtvertrag für sein Landgut aufstellte und denselben mit dem Hinweis auf seinen Heimgang einleitete. Ein andermal, als vom Sonnenuntergang die Rede war, sagte er: „Auch meine Sonne wird bald untergehen." Aber der Gedanke an die möglicherweise nahe Ewigkeit war für ihn niemals ein Hindernis für erfolgreiches Schaffen auf Erden. Man hatte im Gegenteil den Eindruck, dass er die hohe Verantwortung der Gaben und Kräfte fühlte, die Gott ihm anvertraut hatte, und dass er deshalb, je mehr sein Tag sich neigte, auch mit umso größerer Gewissenhaftigkeit und Treue wirken wollte. Ich sah ihn etliche Monate vor seinem Tode in Frankfurt. Da bat ich ihn, sich zu schonen. Er aber gab mir die Antwort, die für ihn wieder so recht bezeichnend ist: „W e n n G o t t m i r n o c h K r ä f t e g i b t , w a r u m s o l l i c h s i e n i c h t a n w e n d e n ?" Wenn er zuletzt noch bezeugt hat: „I c h s t e r b e f r e u d i g", und wieder ein andermal: „Ich gehe mit Freuden in den Tod, Gott wird mir meine Sünden vergeben, die Meinen und mein Vaterland beschützen", so war diese freudige Sterbebereitschaft für ihn bezeichnend. Ob er als junger Reiteroffizier bei Fröschweiler auf ein Haar ein Kind des Todes gewesen, ob er bei Echterdingen beinahe einer schrecklichen Explosion zum Opfer gefallen wäre, immer war er sich bewusst: Ich bin meinem Gott verantwortlich und jederzeit bereit, vor ihm zu erscheinen. Wir haben Gott viel Dank zu sagen, dass der Lebensfaden des so sterbebereiten Mannes nicht frühzeitig abgebrochen worden ist, sondern dass ihm ein so langer, sonniger Tag zum Wirken beschieden war. Auch der Sonnenuntergang seines Lebens ist ein schöner, friedlicher gewesen.

Der Graf erkrankte Ende Februar 1917 auf einer Reise im Hotel Kaiserhof in Berlin. Er wollte eine Versuchsfahrt machen, musste sie aber unterbrechen und schnell einen Arzt im Sanatorium des Westens konsultieren. Da wurde er gleich festgehalten, weil ein inneres Leiden bereits weiter fortgeschritten war, als er selber wusste. Nach einigen Tagen wurde er operiert, es kam eine Lungenentzündung hinzu, die unerwartet schnell seinem Leben ein Ziel setzte. Seine Gemahlin weilte ahnungslos in Stuttgart. Am Ersten waren seine Tochter und ihr Gatte an seinem Leidenslager. Aber er war bereits so schwer krank, dass er kaum mehr sprechen konnte. Als dann auch Frau Gräfin kam, traf sie ihn nicht mehr bei Bewusstsein. Seine letzten Worte an seine Tochter waren: „I c h h a b e d a s v o l l e Ve r t r a u e n". Zuvor hatte er noch gesagt, man möge ihm nicht nachtrauern, er habe ja ein so schönes, reiches Leben gehabt. „Ich bin sehr müde und möchte schlafen", sagte er. Dann schlief er ganz friedlich am 8. März ein. Es war ein stilles, seliges Hinübergehen in die Ewigkeit. Für ihn war nun aller Kampf zu Ende und der volle Sieg erfochten, alle Mühen der Arbeit lagen hinter ihm und der schönste Feiertag wartete seiner, der nimmermehr endet.

Nein, nein, das ist kein Sterben,
Zu seinem Gott zu geh'n,
Der dunklen Erd entfliehen
Und zu der Heimat ziehen
In reine Sternenhöh'n.
Nein nein, das ist kein Sterben,
Ein Himmelsbürger sein,
Beim Glanz der ew'gen Kronen
In süßer Ruhe wohnen,
Erlöst von Kampf und Pein.

Am 9. März wurde an seinem Sarge eine Trauerfeier gehalten, in der Pfarrer K o r t h über den 121. Psalm sprach: „Ich hebe meine Augen auf zu den Bergen …" Er sagte u.a.: „Wir fühlen das Weltgeschichtliche dieser Stunde. Mit den nächsten Angehörigen, der treuen, tiefgebeugten Lebensgefährtin, die so glücklich in seiner Liebe war, der innig geliebten einzigen Tochter und ihrem Gatten, die ihm die Wonne seines Alters, seine blühenden vier Enkel, geschenkt … trauert unser ganzes deutsches Volk und weit über seine Grenzen hinaus, so weit die deutsche Zunge klingt, trauert jedes deutsche Herz tief und innig an dieser Heldenbahre, und die Augen der ganzen Welt ruhen auf dieser Stunde … Wie ein G a l i l e i einer ganzen Welt gegenüber an seiner Überzeugung festhielt: ‚Und die Erde bewegt sich doch', wie ein

Kolumbus sein Vermögen, seine Ehre, sein Leben aufs Spiel gesetzt, um eine neue Welt zu entdecken, so hat der Entschlafene mit einer Energie ohnegleichen das Ziel erreicht, von dessen Erreichbarkeit er überzeugt war: die Eroberung der Luft. Und dass es dem greisen General vergönnt war, deutschem Erfindergeist und deutscher Technik diesen Triumph ohnegleichen vor der ganzen Welt zu erobern, und dass er durch keine Misserfolge sich entmutigen ließ, sondern sie mit jugendlicher Energie überwand, und dass er unserm Volk in trüber Zeit dies stärkste Erleben nationaler Begeisterung vor dem Ausbruch des Weltkrieges zuwendete, und dass er bei all den Erfolgen und Ehrungen ... d e r s c h l i c h t e H e l d, d a s d e m ü t i g e G o t t e s k i n d blieb, das alle Palmen am T h r o n e G o t t e s niederlegte, als dessen Werkzeug er sich wusste – das hat diesen Mann zum Nationalhelden, zum erklärten Liebling unseres Volkes gemacht. – Die letzten Aufzeichnungen seiner Hand geben uns die Gewissheit, dass seine Seele bereit war, dem Ruf seines himmlischen Königs zu folgen. Wir wissen sie geborgen in der ewigen Heimat, dort, wo die Palmen des Sieges rauschen und das Lied des Lammes klingt."

Schön und für den Grafen bezeichnend sind die Schlussworte der Feier: „So segnen wir Dich ein zu Deiner letzten Reise, Du wackerer H e l d, der Du sagen kannst: ‚Ich habe einen guten Kampf gekämpft‘, Du greiser Patriarch, der Du sprechen kannst: ‚Ich habe den Lauf vollendet‘; D u K i n d D e i n e s h i m m l i s c h e n V a t e r s, der Du bekennen darfst: ‚Ich habe Glauben gehalten‘. Der Herr behüte Deinen Ausgang und Eingang, von nun an bis in Ewigkeit. Ziehe hin mit Frieden! Amen."

Die letzte Fahrt

„Dein Glaube hat dir geholfen".

Nach der oben geschilderten Feier trugen Luftschiffer den Sarg zum Leichenwagen. Helm und Degen des tapferen Reitergenerals lagen auf dem Eichensarg. Unter gedämpftem Trommelklang und den Tönen des Chorals „Jesus, meine Zuversicht" bewegte sich der Trauerzug zum Bahnhof. Schulkinder bildeten Spalier. Die Bevölkerung der Reichshauptstadt spürte etwas von der Größe dieser Stunde. Um die Mittagsstunde des 12. März fand dann auf dem Pragfriedhof in S t u t t g a r t die Beisetzung des edlen Mannes statt. Es war eine erhebende Feier. Ich war von Frankfurt a. M. aus hingeeilt, um dem einstigen Gemeindeglied auch die letzte Ehre zu erweisen. Eine hochfestliche Trauerversammlung war es. Der König und die Königin von Württemberg nahmen an der Feier teil. Der Kaiser und viele andere Fürsten, die des Krieges wegen nicht selbst erscheinen konnten, hatten Vertreter gesandt. Der Ministerpräsident und die Staatsminister, die Präsidenten beider Ständekammern waren erschienen. Die Armee war außer durch die württembergische Generalität und eine Offiziersabordnung des Ulanen-Regiments durch den kommandierenden General der deutschen Luftstreitkräfte vertreten. Die deutsche Marine hatte Offiziere von der Luftschifferabteilung mit einer Anzahl Marineflieger entsandt. Aus Wien waren Herren vom Kriegsministerium und den Luftschiffertruppen gekommen. Dazu kamen noch viele Abordnungen von Körperschaften und Vereinigungen aller Art; darunter auch die Städte, deren Ehrenbürger Graf Zeppelin gewesen war. Außer den beiden einheimischen Hochschulen hatte die Universität München V e r t r e t e r gesandt.

Aus Friedrichshafen traf ein Sonderzug ein. Hunderte von Beamten und Arbeitern wollten doch ihrem geliebten Herrn das letzte Geleite geben. Die Friedhofskapelle erwies sich als viel zu klein, nur ein Kreis besonders Geladener konnte Platz darin finden. Als ich am Beerdigungstage schon vor der Feier zum Grabe ging, gab mir des Grafen Schwiegersohn einen jungen Pfadfinder als Geleitsmann mit. Wie glücklich war der frische Jüngling, dass er Ehrendienst für Zeppelin tun durfte! Es war überhaupt ein schöner Anblick, gerade J u n g d e u t s c h l a n d in so großer Zahl vertreten zu sehen. Als nach der Trauerandacht in der Kapelle der Zug sich in Bewegung setzte, da bildeten auf dem langen Wege ihrer Tausende Spalier. Männliche und weibliche Pfadfinder, die Jugendwehr mit ihren Fahnen und die frischen blauen Jungens von der Luftschifferabteilung standen Reih und Glied mit den vier Kompagnien des Ersatzbataillons vom Infanterieregiment 125, den Kriegervereinen und den alten Arbeitern der Friedrichshafener Zeppelin-Werft. Eine lange Reihe von Obelisten mit brennenden Fackeln erhöhte die Feierlichkeit. Aus den Wolken grüßte wehmütig lächelnd die Sonne hernieder, da wir Zeppelins Grab umstanden, und aus den Lüften sandten ein Zeppelin-Kreuzer und ein Fliegergeschwader mit Trauerwimpel ihre Abschiedsgrüße. Alle Glocken Stuttgarts läuteten. Nachdem der Sarg in das von der Stadt wundervoll geschmückte Grab versenkt worden war, feuerte eine Abteilung Soldaten eine Ehrensalve über das stille Grabkämmerlein des Heimgegangenen. Nachher bekam das Grab das bezeichnende Wort als Inschrift: „D e i n   G l a u b e   h a t   D i r   g e h o l f e n.“

Doch wir müssen noch nachholen, was Hofprediger H o f m a n n , ein Verwandter des Grafen, in seiner Leichenrede zu sagen hatte. Er hatte das Wort als Leichentext gewählt: „Ich muss wirken, solange es Tag ist.“ (Ev. Johs. 9, 4) U.a. schilderte er den Entschlafenen mit den Worten: „Er ging still seinen Weg, immer erst mit dem Erfolg hervortretend. Und immer mehr wurde der schlichte Mann zu einer s i t t - l i c h e n   M a c h t . Wir können nicht dankbar genug sein für all die Erziehung zu mannhafter Arbeit und Treue, all die Überwindung von engherzigen Vorurteilen, all die soziale Versöhnung und all die Erhebung über das Gemeine zu ewig Wertvollem, die von diesem Wirken ausgegangen sind. Und das Geheimnis dieses Wirkens? Es heißt wie bei allen Großen: ‚Ich muss‘. Wie oft hat er der ihm zujubelnden Jugend gesagt: ‚Ich bin ein Werkzeug‘, wie manchmal demütig für Gottes Gnade gedankt! Wenn fürsorgende Liebe zur Schonung mah-

204

nen wollte, dann war es ein freudiges ‚Ich muss arbeiten‘, das freundlich ablehnte. – Unzertrennlich von seinem Wirken war er selbst. Ein blonder Germane mit leuchtenden blauen Augen … die Ritterlichkeit selbst schon in der äußeren Erscheinung, mehr noch im Herzen … Ob Könige oder Kinder sein Haus betraten, immer nahmen sie Sonnenschein mit. Nie war die Falte der Sorge oder der Arbeit auf seinem Antlitz. Jedem strahlte es freundlich oder auch ernst. Nie hat er in drängendster Arbeit einen kranken Freund oder Verwandten vergessen. Immer fand er Zeit für sie. Seine Untergebenen liebten ihn wie einen Vater. Seine Arbeiter nannte er seine Freunde. Ob er für ein vaterländisches oder christliches Liebeswerk still eine große Gabe spendete, ob er dem scheidenden Gaste eine Rose vom Stocke schnitt, immer kam es unmittelbar vom Herzen. Die Lichter des Humors umspielten tief sittlichen Ernst. Und wo er unbeugsam war, da war es um der Sache willen. Darum hieß i h n   k e n n e n ,   i h n   l i e b e n .‘

Gerade so habe auch ich ihn während eines Vierteljahrhunderts gekannt. Immer aufs Neue war er der alte treuherzige, wohlwollende, väterliche Freund, voll reiner Herzensgüte und tiefer Frömmigkeit, uns allen voranleuchtend durch sein felsenfestes Gottvertrauen, durch seine Wahrheitsliebe und seine gewissenhafte Pflichterfüllung. Ist es nicht ergreifend, dass dieser Mann, dessen lauterer Sinn und reines Leben seit sieben Jahrzehnten der Welt offen vorgelegen hat, der als Offizier keinen Fluch auf dem Kasernenhof duldete und in dessen Nähe sich niemand ein ungezwungenes oder ein liebloses Urteil erlaubte, angesichts des Todes von seinen „Sünden“, ja seinen „großen Sünden“ gesprochen und sich allein an der Vergebungsgnade Gottes getröstet hat?

So hat er uns ein V o r b i l d gelassen. Und unsere J u g e n d zumal soll sich an ihm ausrichten und sich zur Gottesfurcht und zu selbstlosen Taten ermuntern lassen.

Am Nachmittag des Beerdigungstages veranstaltete die S t a d t - v e r w a l t u n g   S t u t t g a r t im Königl. Kunstgebäude zu Ehren des Grafen eine T r a u e r f e i e r . Das Programm habe ich mir aufbewahrt. Es enthält u.a. das Adagio aus der Eroika-Sinfonie von Beethoven, das Grablied von Max Reger mit dem Text von Ernst Moritz Arndt. Die Rede hielt der Generaldirektor der Zeppelinwerke, Kommerzienrat C o l s m a n n . U.a. sagte er: „Treue und Dankbarkeit waren die stärksten Züge seines Wesens. Das Leben galt ihm nichts ohne die Treue. Und auch im jähesten Sturz wusste er die Zeichen neuen Aufstiegs zu erkennen. So sahen wir staunend oft, wie er bei einem Zusammenbruch, wenn wir ihn verzweifelnd glaubten, heiter und unerschüttert stand. ‚Das war der Fehler‘, sagte er dann, ‚das ist die notwendige Folge, und das ist der Weg, in Zukunft Ähnliches zu meiden.‘ Und milde war er und gütig! Das deutsche Volk weiß es. Er war ein Kind an Liebe, Bescheidenheit und Güte, unser Graf! – Sein W e r k wird bestehen! Aber auch sein G e i s t möge haften im deutschen Volke, dass es jugendfrisch bleibe, wie er – und hoffnungsfroh und stark – stark im Willen zum Durchhalten, im Willen zum Siege!“ –

Eine merkwürdige Tragik lag darin, dass gerade in den Tagen zwischen Tod und Beerdigung des Grafen fünf Menschen durch ein Flugzeug ums Leben kamen. Am 10. März stieg in Berlin das Flugzeug auf, dem der Graf noch in seinen letzten gesunden Tagen sein ganzes Interesse gewidmet hatte. Der Wind erhob sich, drehte das Flugzeug und schleuderte es gegen das Tor der Luftschiffhalle. Da wurden diese fünf Menschen zerschmettert. Ein sonniger Jüngling, der Flieger Vollmöller, der Direktor Klein und drei andere. Sinnig war’s, dass man aus dem Lorbeerkranz von Zeppelins Grab einen Zweig brach, um ihn diesen Helden aufs Grab zu legen „Ich weiß, dass ich es in seinem Sinn tue“, sagte der Generaldirektor, „er ist im Leben nie einem Menschen Dank schuldig geblieben, er will’s auch im Tode nicht.“

Es seien hier auch noch einige Verse beigefügt, die G u s t a v W e l - l e r zu Zeppelins Beisetzung dichtete:

Umflort die deutschen Fahnen,
Senkt tief sie an der Gruft:
Wert war der größten Ahnen
Der Königsaar der Luft!

Im Schmuck der Silberkrone,
Ein Jüngling fest und grad –
So jauchzten Schwabens Söhne
Wir zu auf seinem Pfad!

Wie heiß hat er gerungen,
Wie einsam war sein Müh'n –
Er hat sein Ziel erzwungen,
Er sah den Lorbeer blüh'n!

Stolz zieh'n wie weiße Schwäne
Der Lüfte Segler aus
Und treffen Englands Kähne,
Zerschmettern Englands Haus.

Nun wird beim Tanz der Flocken
Der kühne Graf gebahrt:
Er stieg beim Klang der Glocken
Nun auf zur letzten Fahrt!

Er b l e i b t der Feinde Schrecken,
Er führt der Lüfte Krieg,
Wird neue Helden wecken
Und weist den Weg zum Sieg!

Denn, wenn die hellen Schiffe
Durch blauen Äther zieh'n,
Tönt laut am fernsten Risse
Dein Name, Z e p p e l i n !

Sein Grab wird jetzt von der Stadt Stuttgart gepflegt. Aber es gibt, wie es scheint, noch andere, die es in der Stille mit liebender Pflege umgeben. Denn oft liegen dort kleine Grüße, einzelne Blüten, offenbar von armen Menschen. In rührender Weise zeugen diese schlichten Gaben von der Treue und Dankbarkeit gegenüber dem großen Toten, der gerade durch seine Liebe zu den Kleinen und Geringen so groß gewesen ist.

Wir haben damit d a s L e b e n s b i l d d e s G r a f e n z u E n d e g e f ü h r t. Es sind nun mehr als zwölf Jahre her seit seinem Heimgang. Sein Gedächtnis soll unter uns im Segen bleiben, sein vorbildliches Glauben und Tun unvergessen sein. Dass sein L e b e n s -

w e r k , das er noch in hohem Alter schaffen durfte, der Nachwelt erhalten blieb, ja, in unserer Gegenwart gerade in höchster Anerkennung steht, weiß jedermann. Zeppelin hatte ja auch das große Glück, Mitarbeiter und Nachfolger zu haben, die seine Erfindung weiterführten und ausbauten. Vor allem hat Dr. Dr. Ing. H u g o   E c k e n e r in der Führung der Luftschiffe sich als außerordentlich tüchtig erwiesen. Seine großen Weltfahrten, die in unser aller Erinnerung stehen, zeugen genugsam davon. Und der Leiter der Zeppelin-Werft ist noch immer der bewährte Dr. L u d w i g   D ü r r. Auch sind andere Herren hinzugetreten, die alle mithelfen, das Werk des großen Meisters zu vervollkommnen und zu zeigen, zu welch einer einst ungeahnten Ausdehnung die Idee des Grafen fähig war.

Das jüngste Luftschiff „L. Z. 127" trägt den Namen „Graf Zeppelin". Es ist das größte, schönste und beste aller bisher gebauten Zeppelin-Luftschiffe. Es hat eine Länge von 237 Meter und einen Gasinhalt von 105 000 Kubikmeter. Fünf Motoren von zusammen 2 650 Pferdestärken dienen zum Antrieb. „Immer", heißt es in einem Sonderheft der Jugendzeitschrift „Unser Schiff", „wenn wir den glitzernden Leib dieses Schiffes sehen oder von seinen Fahrten lesen, wollen wir an den Mann denken, dessen Namen es trägt, der jahrzehntelang unbeugsam gegen eine Welt von Feinden zu kämpfen hatte. ‚Rast ich, so rost ich', war das Leitwort seines Lebens, das ihm bis ins hohe Alter hinein die jugendliche Spannkraft verlieh. Und wenn unser jugendliches Blut ungestüm vorwärts drängt, und wir im Kampf mit den Hindernissen unser Lebensziel nie erreichen zu können glauben, dann wollen wir an den Mann denken, der seiner Arbeit unentwegt treu blieb und erst mit 70 Jahren an den Anfangserfolgen seines Schaffens stand: Graf Zeppelin." Das sind wahre Worte, die das Wesen und das Werk des Mannes, dessen Gedächtnis dieses Buch gewidmet ist, gut kennzeichnen.

Dr. h.c. Dürr

Eine Fahrt im „Graf Zeppelin"

Mit gütiger Erlaubnis der Franckschen Verlagsbuchhandlung in Stuttgart geben wir hier noch einen Aufsatz unter dem obigen Titel von Dr. Donald Stuart weiter, der dem Jahrbuch „Durch die weite Welt" (Band 7) entnommen ist, und der ein anschauliches Bild einer heutigen Reise in einem „Zeppelin" gibt:

„Am 20. September bin ich mit dem Luftschiff ‚Graf Zeppelin' gefahren. Mein Junge hat mich furchtbar darum beneidet und hätte alles darum gegeben, wenn er statt meiner hätte mitfahren dürfen. Aber der Erlaubnisschein lautete auf meinen Namen und so war nichts zu machen. Ich habe ihn damit getröstet, dass es in fünf oder zehn Jahren vielleicht auch nicht schwerer ist, zu einer Zeppelinfahrt zu kommen, als heute zu einem Flug mit dem Flugzeug.

Für uns aber ist heute der Zeppelin noch ein Wunder. Vielleicht hat der eine oder andere von euch einmal Gelegenheit gehabt, das Luftschiff in Friedrichshafen zu sehen, in der Zeit, da es gebaut wurde. Da reihten sich hintereinander die lustigen Gitterrahmen aus hartem Duraluminium. Jeder hatte 28 Ecken. Das sind so viele, dass das Luftschiff von Weitem die Ecken gar nicht erkennen lässt, sondern rund erscheint. Das Luftschiff ist fast so hoch wie ein ganz netter Dorfkirchturm, nämlich etwa 30 Meter. Wenn man auf einen sehr hohen Mast aus Eisengitterwerk oder auf den Berliner Funkturm oder den Eiffelturm hinaufsteigt, merkt man, wie er oben im Winde ein wenig schwankt. Das hat nichts Schlimmes zu bedeuten, wenn das Material eine gewisse Elastizität und Biegsamkeit besitzt. Auch der Riesenleib des Luftschiffes, d e r z w e i m a l s o l a n g w i e d e r B e r l i n e r F u n k t u r m h o c h ist, ist im Sturme solchen leichten, für das Auge nicht sichtbaren Biegungen ausgesetzt. Mit alledem muss man beim Bau eines Luftschiffes rechnen. Das R i e s e n s c h i f f v o n 2 3 7 M e t e r L ä n g e wiegt nicht einmal so viel wie ein E i n f a m i -

l i e n h ä u s c h e n , und beinahe 100 solcher Häuschen könnte man neben und übereinander in dem Luftschiffleib unterbringen. Es ist einfach ein t e c h n i s c h e s W u n d e r , dass man ein Metallgerippe so leicht und doch so fest, so fein und dünn, dass es von Weitem wie ein Netz von Schnüren aussieht, und doch so tragfähig machen kann. Vor 20 Jahren hätte das noch niemand für möglich gehalten.

Nun begleitet mich auf dem Weg durch den Gitterwald des Luftschiffes, den ich auf der Süddeutschlandfahrt des ‚Graf Zeppelin‘ kennenlernte. Wir waren schon viele Stunden im Luftschiff gefahren. Über die Schweiz hinweg, am Schwarzwald vorbei, fast so hoch über der Rheinebene wie der Feldberg; die blauen Berge glitten wie Wellen an uns vorbei, wir waren über Wolken und Nebel gewesen, tausend Meter über dem Boden und fuhren Mainz entgegen, da kam der Funkoffizier, der mir versprochen hatte, mich während der Fahrt durch den Bau des Luftschiffes zu führen. Ich verließ den Raum, wo wir Fahrgäste in Armstühlen um die Tische saßen und durch die schrägen Fenster auf die Erde hinabsahen. Durch den Korridor ging's an der Küche und der Funkkabine vorbei in das Kartenzimmer und nochmals durch eine Türe in den Steuerraum, wo Eckener eben mit dem Glas die Gegend voraus absuchte. Es war ruhiges Wetter an diesem Tag und die hohen Fenster standen auf. Auch die Leute von der Besatzung, die hier vorne zu steuern haben, die Windstärke abmessen, ihre Instrumente beobachten, die die Höhe über dem Boden anzeigen, den Gasdruck, den Benzinvorrat und vieles andere, machten frohe und zufriedene Gesichter. Es war eine glückhafte und schöne Fahrt.

Auf einer eisernen Leiter musste man vom Steuerraum aus zu einer Luke emporsteigen. Hinter der Luke war Dämmerung. Als man sich daran gewöhnt hatte, sah man, wie links und rechts große, graue Flächen hingen, die sich nach oben wie Portieren zusammenschlossen und nach unten ausbogen. Sie waren mit einem Netz von Schnüren überzogen. Es waren die Wände der Gaszellen, in denen das Triebgas, die Nahrung der Motoren, aufbewahrt wird. Man kam sich vor wie in einem Keller zwischen riesigen Fässern oder in der Gruft unter einer Kirche. Grau und ein wenig faltig sah der Zellenstoff aus wie Elefantenhaut. Nun vorwärts auf dem schmalen Laufsteg. Er ist gerade so breit, dass zwei Fußsohlen nebeneinander darauf Platz haben. Er ist ja nicht für die Bequemlichkeit von Spaziergängern gebaut, sondern selbst ein tragendes Stück des Gerippes, einer der wichtigsten Träger für die Festigkeit des ganzen Luftschiffes. Da er dicht über dem Boden des Luftschiffes läuft, fällt er von vorne zuerst etwas nach unten und steigt dann wieder langsam bis zu den Schwanzflossen an. Geländer gibt es nicht. Eine Schnur läuft den Steg entlang und an den übers Kreuz verspannten Drähten kann man sich im Notfall auch halten. Aber das genügt schon, damit man nicht vom Laufsteg auf den Luftschiffsboden fällt. Ich frage den Begleiter, ob man den Stoff wohl durchschlagen würde, wenn man so einen oder zwei Meter hoch darauf herabfiele. ,Wenn Sie nicht gerade mit den Füßen vorauskommen, sondern der Länge nach darauf fallen, wohl nicht.' Ich verzichte auf den Versuch; denn wir sind 700 Meter über dem Boden, und die Häuser, die ich eben durch ein im Luftschiffboden eingelassenes Fenster erblicke, sehen gar so klein aus. Da erlebe ich zum ersten Mal ganz das Wunder dieses Luftschiffes und seiner Sicherheit. Ich muss aufhören mit Träumen, hinter mir will einer vorbei. Ich muss mich an die Drähte drücken, so eng ist es hier. Aber neben dem Laufgang unter und zwischen den Gaszellen, die viele Stockwerke hoch sind, sind weite, unbenutzte, leere Räume, fast wie große Hallen. Wie schön ließen sich da Kisten und Ballen verstauen – wenn das Luftschiff imstande wäre, sie zu tragen. Aber was es außer Benzin, Besatzung, Lebensmitteln und Fahrgästen tragen kann, das sind noch einige tausend Kilo; Post und eilige Fracht haben auf einigen großen Drahtgeflechten Platz, die zu beiden Seiten des Laufgangs am Gitterwerk aufgehängt sind.

Der Mann, der vorbei wollte, musste mir in die Ohren brüllen, dass ich ihn überhaupt verstand. Denn hier im Innern des Luftschiffes, wo man nicht weit von den riesigen Motoren weg ist, ist ein Lärm, wie man ihn kaum im Führersitz eines Flugzeuges zu hören bekommt. Und dabei hängen doch die Motorengondeln außerhalb an langen Streben und man muss etwa zwei Meter auf einer schmalen Leiter durch die freie Luft klettern, um sie zu erreichen. Das ist weniger schwierig und gefährlich, als es erscheint, wenn aus dem engen Raum, den der Motor in der Gondel für den Monteur freilässt, ein Kopf auftaucht, der schließlich zu einer flatternden Lederjacke wird, bis der ganze Mann durch die enge Luke in das Innere des Luftschiffes klettert. Auf das Top eines Viermasters zu steigen, erfordert mehr Mut und Geschicklichkeit. Selbst das Heulen des Sturms über dem Atlantik müssen diese Motoren wohl mit dem Lärm übertönen, den ihre 530 Pferdekräfte und der Propeller machen, wenn sie arbeiten.

Die Motorgondeln liegen höher als der untere Laufgang. Der Steg, der vom unteren Laufgang zu ihnen führt, geht aufwärts. Zwischen den Gasballonen geht das hindurch wie in einer tiefen Schlucht, ein steiler Pfad, der schließlich zu einem Treppchen wird, an dessen Ende eine Tür direkt ins Freie führt. Dass es hier zur Motorgondel geht, entdeckt man erst, wenn man oben ist und durch die Tür nach unten sehen kann.

In diesem Luftschiffraum gibt es aber noch Seltsameres. Etwa in der Mitte des unteren Laufstegs ist an der einen Seite eine kleine Plattform, von der eine eiserne Leiter ins Dunkle hinaufführt. Stellt man sich an ihren Fuß, so kann man ihr Ende nicht absehen. Also hinauf in dem Schlauch. Wie in einem Fabrikschlot ist es. Wenn man einige Stockwerke hochgeklettert ist, wird es etwas lichter, man erreicht den sogenannten A c h s i a l a u f g a n g, der eben von der Spitze des Schiffs bis zum Schwanz führt, während der untere nach unten gebogen ist, weil der dem Luftschiffboden folgt. Hier oben ist es viel dunkler als auf dem unteren Steg. Da lässt wenigstens die Luftschiffhülle, auch wenn sie viermal gestrichen ist, noch etwas Dämmerlicht durch, hier kommen nur ein paar Strahlen von irgendwoher. Nun steht man vor Zellen, die noch größer sind als die unteren. Jede von ihnen könnte man als einen ansehnlichen Luftballon, der viele Personen tragen könnte, loslassen. Sie umschließen das geheimnisvolle, unsichtbare Etwas, mit dem das ganze Luftschiff durch die Luft getragen wird, das Wasserstoffgas, das leichter ist als Luft. Mit dem Gas, das in diesen 17 Gaszellen ist, könnte man eine Gaslaterne 230 Jahre lang ununterbrochen brennen lassen. Es ist etwas dumpfe Luft hier oben auf dem einsamen Laufsteg, sie beengt, und man kommt sich dadurch doppelt klein und armselig in diesem riesigen Schiffskörper vor.

Die Leute von der Besatzung haben keinen leichten Dienst. Ihre Arbeit ist in Schichten zu je vier Stunden eingeteilt wie auf den Seeschiffen. Womit die 39 Mann beschäftigt sind? Nun, da sind die Steuerleute, die Funker, die Wetterkundigen, Leute, welche die verschiedenen Messungen vornehmen müssen, andere, die die vielen Steuerleitungen, die Ballonhülle, die Gaszellen überwachen und etwaige Beschädigungen beseitigen müssen, und vor allem die Monteure für die fünf Motoren. Bei jedem Motor muss immer ein Mann sein, der seinen Gang überwacht, bei Störungen sofort eingreifen kann und die Befehle ausführt, die vom Kommandostand mit dem Maschinentelegraphen übertragen werden und angeben, ob mit voller Kraft, mit halber, vorwärts oder rückwärts gefahren werden soll. Und jeder Posten muss mehrfach besetzt sein, damit in Schichten abgewechselt werden kann. Sie haben ihre Ruhe verdient, für die ihnen übrigens keine allzu großen Bequemlichkeiten zur Verfügung stehen. Als Aufenthaltsraum haben sie zwei Stübchen mit nur zwei vollständigen Wänden und einem Boden. Sie sind links und rechts vom unteren Laufgang. Drin steht eine Bank, die rund um einen Holztisch läuft. Die vierte Klasse des Luftschiffes meinte einer von den Leuten, der eben sein Mittagessen verzehrte. Die Betten sind Drahtgeflechte, die an Aluminiumbändern am Gerippe neben dem Laufgang aufgehängt sind, eins hinter dem andern. Warme Decken schützen gegen die Kälte, denn hier unten ist für kräftige Lüftung gesorgt, damit sich im Luftschiffraum keine gefährlichen Gasansammlungen bilden können.

Da haben es die Passagiere viel behaglicher. Kammern mit je zwei Betten übereinander – jede mit einem Fenster und einem Tischchen, einem Vorhang, hinter dem man Kleider aufhängen kann. Tagsüber ist das untere Bett ein Sofa, wie im Salonwagen der Eisenbahn, und daneben steht noch der Speise- und Aufenthaltsraum zur Verfügung, der so groß ist wie ein stattliches Zimmer. Vom Lärm der Motoren hört man nur ein leises Summen wie von einem gut gedämpften Automobilmotor; und wenn man nicht gerade bei heftigem Sturm fährt, spürt man weniger Erschütterung als im Eisenbahnwagen. Nur wenn der Steuermann das Luftschiff etwas plötzlich steigen lässt, sodass es schräg steht, kann es mal geschehen, dass eine Flasche und ein paar Gläser vom Tisch fallen. Alle finden, dass es sich im Luftschiff herrlich fährt. Man hat mehr Platz, mehr Ruhe und weniger Schwankungen als im Flugzeug, bessere Sicht und weniger Erschütterung als im besten Eisenbahnwagen, und doch so etwas wie sein eigenes Abteil, was es im

Flugzeug nicht gibt. Und die Eisenbahn, die ein Wettrennen mit uns machen will, bleibt weit zurück."

Diese lebendige Schilderung zeigt uns in feiner Weise, wie sich die Arbeit des Grafen bis heute entwickelt hat. Sollen wir den edlen Erfinder bedauern, dass er diesen neuesten Ausbau seines Werkes nicht mehr erlebt hat und solche Fahrten nicht mehr mitmachen kann? Gewiss nicht! Er hat ja, wie wir gesehen haben, eine bessere Fahrt gemacht, eine fröhliche Heimfahrt gehalten zur seligen Ewigkeit. Darum wollen wir ihm seine Ruhe gönnen und seinen Geist umso mehr unter uns leben und walten lassen. Nun aber soll dieses Buch mit einem Wort geschlossen werden, von dem wir wissen, dass Graf Zeppelin es aus vollem Herzen unterschreiben würde:

Soli Deo Gloria!
Gott allein die Ehre!

Graf Zeppelin über Amerika